CONFORTÁVEL COM A INCERTEZA

PEMA CHÖDRÖN

CONFORTÁVEL COM A INCERTEZA

108 ENSINAMENTOS PARA CULTIVAR
O DESTEMOR E A COMPAIXÃO

Título original: *Comfortable With Uncertainty*

Copyright © 2002 por Pema Chödrön e Emily Hilburn Sell
Copyright da tradução © 2022 por GMT Editores Ltda.

Publicado mediante acordo com Shambhala Publications, Inc.
300 Massachusetts Ave., Boston, MA. 02115

Todos os direitos reservados. Nenhuma parte deste livro pode ser reproduzida sob quaisquer meios existentes sem autorização por escrito dos editores.

tradução: Beatriz Medina
preparo de originais: Rafaella Lemos
revisão: Hermínia Totti e Tereza da Rocha
revisão técnica: Gustavo Gitti
diagramação: Valéria Teixeira
capa: Estúdio Bogotá
ilustração de capa: Letícia Neves – Estúdio Bogotá
impressão e acabamento: Bartira Gráfica

CIP-BRASIL. CATALOGAÇÃO NA PUBLICAÇÃO
SINDICATO NACIONAL DOS EDITORES DE LIVROS, RJ

C473c

Chödrön, Pema
Confortável com a incerteza / Pema Chödrön ; tradução Beatriz Medina. - 1. ed. - Rio de Janeiro : Sextante, 2022.
208 p. ; 21 cm .

Tradução de: Comfortable with uncertainty
ISBN 978-65-5564-384-8

1. Vida espiritual - Budismo. 2. Meditação - Budismo. 3. Budismo - Doutrinas. I. Medina, Beatriz. II. Título.

22-77777
CDD: 294.3444
CDU: 24-584

Meri Gleice Rodrigues de Souza - Bibliotecária - CRB-7/6439

Todos os direitos reservados, no Brasil, por
GMT Editores Ltda.
Rua Voluntários da Pátria, 45 – Gr. 1.404 – Botafogo
22270-000 – Rio de Janeiro – RJ
Tel.: (21) 2538-4100 – Fax: (21) 2286-9244
E-mail: atendimento@sextante.com.br
www.sextante.com.br

Canto tradicional das Quatro Qualidades Ilimitadas

Que todos os seres sencientes desfrutem da felicidade e da raiz da felicidade.

Que sejamos livres do sofrimento e da raiz do sofrimento.

Que não sejamos separados da grande alegria livre de sofrimento.

Que vivamos na grande equanimidade, livres de paixão, agressão e preconceito.

SUMÁRIO

Prefácio		11
1	O amor que não vai morrer	16
2	O poder curativo da boditchita	17
3	Confortável com a incerteza	19
4	A sabedoria de não fugir	21
5	Bondade amorosa: a prática essencial	23
6	Bondade amorosa e meditação	25
7	Por que meditar?	27
8	Os seis pontos da postura	29
9	Não existe história verdadeira	31
10	Meditação sentada	33
11	Quatro qualidades de maitri	35
12	A raiz do sofrimento	37
13	O clima e as quatro nobres verdades	39
14	Os fatos da vida: a impermanência	41
15	Não causar dano	43
16	O darma	45
17	A prática da atenção plena e da contenção	47
18	Relaxe assim como está	48
19	Trabalhando com as máximas do lojong	50
20	Máxima: "Todas as atividades devem ser realizadas com uma intenção"	51
21	Transformar flechas em flores	52
22	Nada sólido	54

23	Os fatos da vida: a ausência de ego	55
24	Ficar no meio	56
25	Máxima: "Dentre as duas testemunhas, fique com a principal"	58
26	Encontrando o limite	59
27	Os fatos da vida: o sofrimento	61
28	Esperança e medo	63
29	Não leve as coisas tão a sério (e faça algo diferente)	65
30	Os quatro lembretes	67
31	Céu e inferno	69
32	As três estratégias fúteis	71
33	O oposto do samsara	73
34	Cultivando as quatro qualidades ilimitadas	74
35	A prática da bondade amorosa	76
36	Cultivando a compaixão	78
37	A prática da compaixão	80
38	Cultivando a capacidade de se alegrar	82
39	A prática da equanimidade	84
40	Pensar grande	86
41	Esteja onde você está	87
42	Tonglen e destemor	89
43	Tonglen: a chave para percebermos a interconexão	91
44	Os quatro estágios do tonglen	93
45	Comece onde você está	95
46	Conhecendo o medo	97
47	Reconheça o sofrimento	98
48	Máxima: "Mude sua atitude, mas permaneça natural"	100
49	Bondade amorosa e tonglen	101
50	Máxima: "Se puder praticar mesmo quando distraído, você estará bem treinado"	103
51	Aprofundando o tonglen	104
52	O barco vazio	106

53	Os três venenos	107
54	Tonglen na hora H	109
55	Comece onde você está (de novo e de novo)	111
56	Experimente a sua vida	112
57	Veja o que é	113
58	O Buda	114
59	Agora	116
60	O coração da vida cotidiana	118
61	Ampliando o círculo da compaixão	120
62	Inconveniência	121
63	Ampliando ainda mais o círculo	122
64	O que é carma?	123
65	Crescendo	124
66	Máxima: "Não espere aplauso"	125
67	Seis maneiras de viver compassivamente	126
68	Prajna	128
69	Generosidade	130
70	Disciplina	132
71	Paciência	134
72	Empenho alegre	136
73	Meditação	138
74	Permitindo que o mundo fale por si ("Não interprete incorretamente")	140
75	Meditação e prajna	142
76	Planeje manter-se aberto	144
77	Máxima: "Abandone qualquer expectativa de resultado"	145
78	Solidão tranquila	147
79	Máxima: "Treine-se nas três dificuldades"	148
80	A comunicação que vem do coração	150
81	A grande pressão	152
82	A curiosidade e o círculo da compaixão	153

83	Leve o tonglen mais longe	155
84	Máxima: "Seja grato a todos"	156
85	Obstáculos como perguntas	158
86	Seis tipos de solidão	159
87	Completamente processado	161
88	Compromisso	162
89	Três métodos para trabalhar com o caos	164
90	Equanimidade na hora H	166
91	A verdade é inconveniente	167
92	Residir no estado de destemor	168
93	O paradoxo essencial	170
94	Nada a que se agarrar	172
95	Máxima: "Atribua todas as culpas a um só"	174
96	Este exato momento é o mestre perfeito	176
97	Convide suas questões não resolvidas	177
98	Quatro métodos para manter o assento	179
99	Cultivando o perdão	181
100	Contendo o paradoxo	182
101	A sanga	184
102	Assim como eu (compaixão na hora H)	186
103	Máxima: "Pratique as cinco forças, as instruções essenciais para o coração"	188
104	Inverter a roda do samsara	190
105	O caminho é o objetivo	192
106	Neurose exacerbada	193
107	Investigação compassiva	195
108	Máxima: "Mantenha sempre uma mente alegre"	197
Glossário		199
Bibliografia		202

Prefácio

Este livro contém 108 ensinamentos práticos reunidos e adaptados das obras de Pema Chödrön. São 108 instruções essenciais para levarmos a vida no espírito do budismo mahayana. *Mahayana* significa "grande veículo", o caminho que aos poucos nos leva para fora de nosso mundo estreito e autocentrado em direção ao mundo maior da amizade com todos os seres humanos. Os ensinamentos apresentados aqui dão um vislumbre da visão mahayana, um gostinho das práticas de meditação que ela oferece e dicas para trazer tanto essa visão quanto a meditação para a vida cotidiana.

Pema faz parte de uma longa linhagem de mestres e ensinamentos. Seu estilo é único, mas nada do que ela ensina é unicamente dela. Seus ensinamentos são influenciados principalmente por seu guru-raiz, Chögyam Trungpa Rinpoche. Trungpa Rinpoche foi um dos primeiros tibetanos a apresentar o budismo aos ocidentais em língua inglesa, combinando a sabedoria das linhagens Kagyü e Nyingma do budismo tibetano com a do reino de Shambhala. Shambhala é uma sociedade lendária e iluminada enraizada na visão da bondade fundamental, da prática da meditação e da atividade de cultivar boditchita, o coração desperto da bondade amorosa e da compaixão. Conta-se que o primeiro rei de Shambhala recebeu ensinamentos do Buda, praticou-os e transmitiu-os a seus súditos. Rinpoche chamava essa tradição meditativa secular de "o caminho sagrado do guerreiro", enfatizando a característica inerentemente desperta (a "bondade fundamental") de nós mesmos e do nosso ambiente. É pela prática da meditação que descobrimos a bondade fundamental e aprendemos a cultivar a boditchita. Com essa visão, essa prática e essa atividade, até a situação mais mundana se torna um veículo para o despertar.

Por estarem arraigados em princípios universais e no pragmatismo cotidiano, esses ensinamentos sobreviveram por muito tempo – 2.500 anos, pelo menos. Eles não são dogmáticos, e os alunos são incentivados o tempo todo a testá-los e experimentar por si mesmos sua verdade (darma). Por essa razão, esses ensinamentos são altamente adaptáveis. São capazes de falar qualquer língua e a qualquer cultura. Pema Chödrön preserva a tradição budista Shambhala de Trungpa Rinpoche e traz a antiga disciplina do budismo e a tradição guerreira de Shambhala à cultura e à psique modernas.

Em essência, esses ensinamentos nos dizem que, ao cultivar a atenção plena e a consciência, podemos nos dar conta de nossa riqueza inerente e compartilhá-la com os outros. Esse tesouro interno se chama boditchita. É como uma pedra preciosa enterrada bem fundo dentro de nós – para que a desenterremos quando as condições estiverem maduras. Em geral, a boditchita é apresentada em dois aspectos: absoluto e relativo. A boditchita absoluta é nosso estado natural, experimentado como a bondade fundamental que nos liga a todos os outros seres vivos do planeta. Ela tem muitos nomes: abertura, verdade absoluta, nossa verdadeira natureza, ponto sensível, coração terno ou simplesmente o que *é*. E combina as qualidades de compaixão, abertura incondicional e inteligência aguçada. É livre de conceitos, opiniões e noções dualistas de "eu" e "outro".

Embora a boditchita absoluta seja nosso estado natural, ficamos intimidados com sua abertura incondicional. Sentimos nosso coração tão sensível e vulnerável que fabricamos muros para protegê-lo. É preciso um trabalho interior decidido até mesmo para ver esses muros, e uma abordagem delicada para demoli-los. Não temos que derrubá-los todos de uma vez nem "atacá-los com uma marreta", como diz Pema. Aprender a repousar na bondade fundamental de coração aberto é um processo para a vida inteira. Esses ensinamentos oferecem técnicas delicadas e precisas para nos ajudar no caminho.

A boditchita relativa é a coragem e a compaixão para investigar nosso coração sensível, para estar com ele o máximo que pudermos e expandi-lo aos poucos. O ponto essencial no cultivo da boditchita relativa é continuar abrindo nosso coração ao sofrimento, sem nos fecharmos. Aos poucos, aprendemos a revelar as qualidades ilimitadas de amor, compaixão, alegria e equanimidade e a estendê-las aos outros. Treinar para tornar nosso coração assim tão grande exige bravura e gentileza.

Várias práticas nos ajudam a abrir o coração a nós mesmos e aos outros. A mais básica delas é a meditação sentada, em que podemos nos familiarizar com a ausência de chão e a espaciosidade de nossa natureza. Outra prática fundamental é o treinamento da mente (*lojong*, em tibetano), herança que recebemos de Atisha Dipankara, mestre budista do século XI. O treinamento da mente inclui dois elementos: a prática de enviar e tomar (*tonglen*, em tibetano), na qual tomamos a dor e enviamos prazer, e a prática das máximas, em que usamos máximas essenciais para reverter nossa atitude habitual de autocentramento. Esses métodos nos instruem a usar aqueles que parecem ser nossos maiores obstáculos – raiva, ressentimento, medo, inveja – como combustíveis para o despertar.

Neste livro, Pema ensina a meditação sentada, a prática de tonglen, o trabalho com as máximas do lojong e as práticas de aspiração das quatro qualidades ilimitadas como portais para o coração desperto da boditchita. Com a prática diária da meditação sentada, nos familiarizamos com a abertura natural de nosso coração. Nela, começamos a nos estabilizar e fortalecer. Fora da almofada de meditação, no dia a dia, passamos então a experimentar manter o coração aberto mesmo diante de circunstâncias desagradáveis.

Com as práticas de tonglen e das máximas, começamos a sentir o sabor do que tememos e nos movemos em direção ao que habitualmente evitamos. Para ampliar ainda mais nossos limites e abrir o coração, praticamos a expansão das quatro qualidades ilimitadas – bondade amorosa (*maitri*, em sânscrito), compaixão, alegria e equanimidade –, buscando estendê-las aos outros.

Além disso, podemos nos dedicar a atividades específicas (*paramitas*, em sânscrito) que nos levam além de nossa estranha tendência humana a nos proteger da alegria do coração desperto. Pema chama essas atividades de "os seis caminhos do viver compassivo": generosidade, paciência, disciplina, empenho, meditação e prajna, ou sabedoria. A base de todas essas práticas é o cultivo de maitri, uma bondade amorosa incondicional com nós mesmos, que diz "comece onde você está".

Em termos budistas, esse caminho é chamado de atividade do bodisatva. Em termos simples, bodisatva é quem aspira a agir a partir de um coração desperto. Nos termos dos ensinamentos de Shambhala, é o caminho do guerreiro. Para unir essas duas correntes, Pema gosta de usar a expressão guerreiro-bodisatva, que indica uma energia fresca e vigorosa, disposta a entrar no sofrimento pelo bem dos outros. Essa ação está ligada à superação do autoengano, da autoproteção e de outras reações habituais que usamos para nos manter em segurança – numa prisão de conceitos. Ao romper com delicadeza e precisão essas barreiras do ego, desenvolvemos uma experiência direta da boditchita.

O que todos nesse caminho têm em comum é a inspiração para repousar na incerteza – alegremente. A raiz do sofrimento é resistir à certeza de que, não importam as circunstâncias, a incerteza é tudo que realmente temos. Os ensinamentos de Pema nos incentivam a ficar à vontade com a incerteza e, depois, ver o que acontece. O que chamamos de incerteza é, na verdade, a qualidade aberta de qualquer dado momento. Quando conseguimos estar presentes para essa abertura – que está sempre presente para nós –, descobrimos que nossa capacidade de amar e de nos importar com os outros é ilimitada.

Para os leitores que já receberam instruções sobre meditação, os ensinamentos deste livro podem servir de lembretes diários, semanais ou mensais de pontos importantes do caminho. Para os que ainda não começaram a meditar, o livro pretende ser uma fonte de informação que você pode usar – mas não substitui instruções presenciais de meditação. A lista de recursos no fim do livro ajudará os leitores interessados a encontrar um instrutor de meditação.

Obrigada a Tingdzin Ötro, Tessa Pybus, Julia Sagebien, John e David Sell, aos transcritores de Pema e à equipe da Shambhala Publications, principalmente Eden Steinberg, pelo apoio e incentivo neste projeto. Somos todos gratos a Pema por personificar o caminho do guerreiro-bodisatva e por transmiti-lo de maneira tão adequada e oportuna.

Estes 108 ensinamentos são trechos retirados de discussões mais longas encontradas em livros anteriores de Pema. Ao organizá-los, eu os visualizei como uma conta de cristal com 108 facetas que você pode contemplar como quiser. Que lhe tragam benefícios incomensuráveis.

EMILY HILBURN SELL

1

O AMOR QUE NÃO VAI MORRER

O despertar espiritual é frequentemente descrito como uma caminhada até o topo de uma montanha. Deixamos para trás o apego e o materialismo, e lentamente iniciamos a subida. Lá no alto, transcendemos toda a dor. O único problema dessa metáfora é que deixamos todos os outros para trás. O sofrimento deles permanece e não é aliviado por nossa fuga pessoal.

A jornada do guerreiro-bodisatva é para baixo, não para cima. É como se a montanha apontasse para o centro da terra, não para o céu. Em vez de transcender o sofrimento de todas as criaturas, nos movemos em direção à turbulência e à dúvida sempre que possível. Exploramos a realidade e a imprevisibilidade da insegurança e da dor, sem tentar afastá-las. Se esse processo consome muitos anos, se exige várias vidas, deixamos que assim seja. Em nosso próprio ritmo, sem pressa nem agressividade, caminhamos cada vez mais para baixo. Conosco vão milhões de outros, nossos companheiros no despertar para o destemor. Lá embaixo, encontraremos água, a água curativa da boditchita. A boditchita é o nosso coração – nosso coração ferido e suavizado. Bem lá embaixo, no meio de tudo, encontraremos o amor que não morrerá. Esse amor é a boditchita. É caloroso e delicado; é claro e afiado; é aberto e espaçoso. O coração desperto da boditchita é a bondade fundamental de todos os seres.

2

O PODER CURATIVO DA BODITCHITA

Boditchita é uma palavra sânscrita que significa "coração nobre ou desperto". Assim como a manteiga está latente no leite e o óleo está latente na semente de gergelim, o ponto sensível da boditchita está latente em você e em mim. Ele se equipara, em parte, à nossa habilidade de amar. Não importa a que ponto estejamos comprometidos com a indelicadeza, o egoísmo ou a ganância, o autêntico coração da boditchita não pode ser perdido. Ele está bem aqui, em tudo que tem vida, intacto e completamente íntegro. Diz-se que, em tempos difíceis, somente a boditchita pode curar. Quando não achamos inspiração, quando nos sentimos prestes a desistir, esse é o momento em que a cura pode ser encontrada na sensibilidade da própria dor. A boditchita também se iguala, em parte, à compaixão – nossa capacidade de sentir a dor que compartilhamos com os outros. Sem perceber, nos protegemos continuamente dessa dor porque ela nos amedronta. Com base no medo profundo de nos machucarmos, construímos muros de proteção feitos de estratégias, opiniões, preconceitos e emoções. Mas, assim como a pedra preciosa enterrada durante um milhão de anos não é danificada nem perde a cor, esse coração nobre também não é afetado por todas as nossas tentativas de nos protegermos dele. Essa joia pode ser trazida à luz a qualquer tempo e resplandecerá com todo o seu brilho, como se nada tivesse acontecido.

A boditchita, essa ternura pela vida, desperta quando não nos protegemos mais da vulnerabilidade de nossa condição, da fragilidade básica da existência. Ela desperta pela afinidade com o sofrimento dos outros. Treinamos as práticas de boditchita para ficarmos abertos de modo que possamos absorver a dor do mundo, deixar que ela toque nosso coração e transformá-la em compaixão.

3

CONFORTÁVEL COM A INCERTEZA

Os que treinam com sinceridade para despertar a boditchita são chamados de bodisatvas, ou guerreiros – não guerreiros que matam, mas guerreiros da não agressão, que ouvem os gritos do mundo. Os guerreiros-bodisatvas entram em situações difíceis para aliviar o sofrimento. Eles se dispõem a atravessar o autoengano e a própria reatividade pessoal. Dedicam-se a desvelar a energia básica e não distorcida da boditchita.

Um guerreiro aceita que nunca podemos saber o que irá acontecer conosco em seguida. Podemos tentar controlar o incontrolável buscando segurança e previsibilidade, sempre na esperança de ficarmos confortáveis e seguros. Mas, na verdade, nunca podemos evitar a incerteza. Esse não saber é parte da aventura. E também é o que nos leva a ter medo.

Onde quer que estejamos, podemos treinar como guerreiros. Nossas ferramentas são a meditação sentada, as práticas de tonglen e das máximas, e o cultivo das quatro qualidades ilimitadas: bondade amorosa, compaixão, alegria e equanimidade. Com a ajuda dessas práticas, encontraremos a ternura da boditchita na tristeza e na gratidão, por trás da dureza da fúria e do tremor do medo. Tanto na solidão quanto na gentileza, podemos desvelar o ponto sensível da bondade fundamental. Mas o treinamento da boditchita não oferece a promessa de finais felizes. Em vez disso, esse "eu" que deseja encontrar segurança – que quer algo a que se agarrar – pode, finalmente, aprender a crescer.

Se nos encontrarmos em dúvida, sem saber se estamos à altura de ser guerreiros em treinamento, podemos contemplar esta pergunta: "Prefiro crescer e me relacionar diretamente com a vida ou escolho viver e morrer no medo?"

4

A SABEDORIA DE NÃO FUGIR

A questão central do treinamento do guerreiro não é como evitamos a incerteza e o medo, mas como nos relacionamos com o desconforto. Como treinar para lidar com a dificuldade, com as nossas emoções, com os encontros imprevisíveis de um dia normal? Para os que estão ávidos por conhecer a verdade, as emoções dolorosas são como bandeiras que se erguem e dizem: "Você está empacado!" Vemos a decepção, a vergonha, a irritação, a inveja e o medo como sinais que nos mostram que estamos nos contraindo, estamos nos fechando. Esses sentimentos desconfortáveis são recados que nos dizem que devemos nos animar e encarar a situação de peito aberto, quando preferiríamos desmoronar e recuar.

Quando a bandeira sobe, temos uma oportunidade: podemos ficar com as nossas emoções dolorosas em vez de nos descontrolarmos. É ficando que aprendemos a delicadamente nos flagrar quando estamos prestes a deixar o ressentimento endurecer e se transformar em culpa, arrogância ou alienação. Também é assim que não caímos no hábito de maquiar as coisas e nos convencer a sentir alívio ou inspiração. É mais fácil falar do que fazer.

Em geral, somos arrastados pelo momentum do hábito. Não interrompemos nem um pouquinho nossos padrões. Com a prática, no entanto, aprendemos a ficar com um coração partido, com um medo sem nome, com o desejo de vingança. É ficando com a incerteza que aprendemos a relaxar em meio ao caos, aprendemos a estar tranquilos quando de repente perdemos o chão. Podemos nos colocar de volta no caminho espiritual incontáveis vezes, todos os dias, simplesmente exercitando nossa disposição para repousar na incerteza do momento presente – várias e várias vezes.

5

BONDADE AMOROSA:
A PRÁTICA ESSENCIAL

Para um aspirante a bodisatva, a prática essencial é cultivar maitri, a bondade amorosa. Os ensinamentos de Shambhala falam de "colocar nossa mente do medo no berço da bondade amorosa". Outra imagem para maitri é a mãe-pássaro, que protege os filhotes e cuida deles até que estejam fortes o suficiente para voar. As pessoas às vezes me perguntam: "Quem sou eu nessa imagem, a mãe ou os filhotes?" A resposta é que somos ambos, tanto a mãe amorosa quanto aqueles filhotinhos feiosos. A identificação com os filhotes é fácil – cegos, inexperientes e desesperados por atenção. Somos uma pungente mistura de algo que não é assim tão lindo, mas é muito amado. Essa atitude, seja conosco, seja com os outros, é a chave para aprendermos a amar. Permanecemos conosco e com os outros quando gritamos por comida e não temos penas, e também quando somos mais crescidos e mais atraentes, pelos padrões mundanos.

Ao cultivar a bondade amorosa, aprendemos primeiro a ser honestos, amorosos e compassivos com nós mesmos. Em vez de alimentarmos a autodepreciação, começamos a cultivar uma bondade que vê claramente. Às vezes, nos sentimos bons e fortes. Outras vezes, nos sentimos inadequados e fracos. Mas, como o amor materno, maitri é incondicional. Independentemente de como nos sentimos, podemos sempre desejar ser felizes. Podemos aprender a agir e pensar de modo a lançar as sementes de nosso futuro bem-estar. Aos poucos, ficamos mais conscientes em relação ao que causa felicidade e ao que causa aflição. Se não temos bondade amorosa por nós mesmos, é difícil – para não dizer impossível – senti-la genuinamente pelos outros.

6

BONDADE AMOROSA E MEDITAÇÃO

Quando as pessoas começam a meditar ou a trabalhar com qualquer tipo de disciplina espiritual, costumam pensar que, de algum modo, vão melhorar, o que é uma espécie de agressão sutil contra quem elas realmente são. É como se dissessem: "Se eu praticar corrida, serei uma pessoa muito melhor", "Se eu conseguisse uma casa maior, seria uma pessoa melhor", "Se eu conseguisse meditar e me acalmar, seria uma pessoa melhor". Ou, caso ficassem encontrando falhas nos outros, poderiam dizer: "Se não fosse pelo meu marido, eu teria um casamento perfeito", "Se eu e meu chefe não nos déssemos tão mal, meu trabalho seria ótimo", "Se não fosse pela minha mente, minha meditação seria excelente".

Mas ter bondade amorosa – maitri – por nós mesmos não significa se livrar de nada. Maitri significa que ainda podemos cometer loucuras, ainda podemos sentir raiva. Ainda podemos ser tímidos, ciumentos ou sentir que não temos valor. A prática da meditação nada tem a ver com jogar a si mesmo fora para se tornar algo melhor. Tem a ver com fazer amizade com quem já somos. A base da prática é você, sou eu, ou quem quer que sejamos neste exato momento, simplesmente como somos. Essa é a base, é isso que estudamos, é isso que começamos a conhecer com tremenda curiosidade e interesse.

A curiosidade envolve ser gentil, preciso e aberto – na verdade, ser capaz de soltar e se abrir. Gentileza é ter um bom coração em relação a si mesmo. Precisão é ser capaz de ver com clareza, sem ter medo de ver o que realmente está ali. Abertura é ser capaz de soltar e se abrir. Quando você chega a esse tipo de honestidade, gentileza e bom coração, combinados com a clareza sobre si mesmo, não há nada que o impeça de sentir bondade amorosa pelos outros também.

7

Por que meditar?

Como espécie, nunca deveríamos subestimar nossa baixa tolerância ao desconforto. Sermos encorajados a ficar com a nossa vulnerabilidade é algo que pode nos fazer bem. A meditação sentada é nosso apoio para aprender a fazer isso. Também chamada de prática de consciência e atenção plena, a meditação é a base do treinamento da boditchita. É o lar do guerreiro-bodisatva.

A meditação sentada nos oferece um meio de nos aproximarmos dos nossos pensamentos e emoções e entrar em contato com nosso corpo. É um método para cultivarmos a amizade incondicional com nós mesmos e abrir a cortina da indiferença que nos distancia do sofrimento dos outros. É nosso veículo para aprendermos a ser pessoas verdadeiramente amorosas.

Por meio da meditação, começamos a notar lacunas em nosso diálogo interno. Em nossa contínua conversa com nós mesmos, encontramos uma pausa, como se despertássemos de um sonho. Reconhecemos nossa capacidade de relaxar com a clareza, o espaço, a consciência aberta – algo que já existe em nossa mente. Experimentamos momentos simples, diretos e descomplicados em que permanecemos plenamente presentes.

Retornar ao frescor imediato da nossa experiência é treinar a boditchita incondicional, ou absoluta. Ao simplesmente ficarmos aqui, relaxamos cada vez mais na dimensão aberta de nosso ser. É como sair de uma fantasia e descobrir a verdade simples.

8

Os seis pontos da postura

A meditação sentada começa com uma boa postura. A consciência dos seis pontos da postura é um modo de estar realmente relaxado e bem acomodado no corpo. Eis as instruções:

1. *Assento:* Numa almofada no chão ou numa cadeira, o assento deve ser plano, não inclinado para a direita ou para a esquerda, para trás ou para a frente.

2. *Pernas:* As pernas ficam confortavelmente cruzadas à sua frente – se você estiver numa cadeira, os pés ficam apoiados no chão e os joelhos, um pouco separados.

3. *Tronco:* O tronco (da cabeça ao assento) fica ereto, com as costas fortes e o peito aberto. Se estiver na cadeira, é melhor não encostar. Se começar a se curvar, apenas deixe o corpo ereto outra vez.

4. *Mãos:* As mãos ficam abertas, com as palmas para baixo, repousando sobre as coxas.

5. *Olhos:* Os olhos ficam abertos, indicando a atitude de permanecer desperto e relaxado com tudo o que ocorrer. O olhar

se dirige um pouco para baixo, cerca de um ou dois metros à frente.

6. *Boca:* A boca fica ligeiramente aberta para que a mandíbula relaxe e o ar possa se mover livremente tanto pela boca quanto pelo nariz. A ponta da língua pode ser colocada no céu da boca.

Toda vez que se sentar para meditar, verifique sua postura passando por esses seis pontos. Sempre que se distrair, traga a atenção de volta ao corpo e a esses seis pontos.

9

NÃO EXISTE HISTÓRIA VERDADEIRA

Ao buscarmos construir uma realidade sólida tecendo nossos preconceitos, opiniões, estratégias e emoções, tentamos dar uma importância exagerada a nós mesmos, à nossa dor, aos nossos problemas. Mas as coisas não são tão sólidas, previsíveis ou contínuas quanto parecem.

Na meditação sentada, nossa prática é observar os pensamentos surgirem, rotulá-los com "pensando" e retornar à respiração. Se tentássemos encontrar o começo, o meio e o fim de cada pensamento, logo descobriríamos que isso não existe. Tentar achar o momento em que um pensamento se torna outro é como tentar captar o instante em que a água fervente vira vapor. Mas temos o hábito de encadear nossos pensamentos de modo a formar uma história que nos prega peças e nos leva a acreditar que nossa identidade, nossa felicidade, nossa dor e nossos problemas são entidades sólidas e separadas. Na verdade, assim como os pensamentos, todos esses construtos estão em constante mudança. Toda situação, todo pensamento, toda palavra, todo sentimento são apenas lembranças passageiras.

A sabedoria é um processo fluido, não algo concreto que possa ser acumulado ou medido. O guerreiro-bodisatva treina com a atitude de que tudo é um sonho. A vida é um sonho; a morte é um sonho; acordar é um sonho; dormir é um sonho. Esse sonho é o caráter imediato e direto de nossa experiência. Acreditar na nossa própria narrativa e tentar se agarrar a qualquer parte desse sonho só bloqueia a nossa sabedoria.

10

MEDITAÇÃO SENTADA

A prática da meditação é um modo formal de se acostumar a ficar descontraído. Aconselho você a seguir as instruções com precisão, mas ser delicado, sem perder a forma de vista. Deixe que tudo seja suave. Ao expirar, toque sua respiração enquanto ela acontece. Sinta o ar saindo para o grande espaço e se dissolvendo. Você não está tentando segurar nem agarrar essa respiração; está simplesmente relaxando e se abrindo com o ar que sai. Não há instrução específica sobre o que fazer durante a inspiração; não há nada a que se agarrar até a próxima expiração.

Rotular nossos pensamentos durante a prática da meditação é um apoio poderoso que nos reconecta com a dimensão fresca, aberta e imparcial da nossa mente. Quando ficamos conscientes de que estamos pensando, dizemos a nós mesmos "pensando", com uma atitude de imparcialidade e tremenda delicadeza. Depois retornamos à consciência da respiração. É como se os pensamentos fossem bolhas, e rotulá-los fosse tocá-las com uma pena. Com esse leve toque apenas – "pensando" – eles se dissolvem de volta no espaço. Mesmo que você ainda esteja ansioso e tenso quando os pensamentos se forem, simplesmente permita que esse sentimento esteja presente, com espaço em volta dele. Apenas deixe-o existir. Quando os pensamentos surgirem novamente, veja-os como são. Não é nada de mais. Você pode se descontrair e relaxar.

Dizer "pensando" é um ponto interessante na prática de meditação. É o ponto em que podemos treinar conscientemente a delicadeza e desenvolver uma atitude de não julgamento. A bondade amorosa é uma amizade incondicional. Assim, toda vez que diz a si mesmo "pensando", você cultiva a amizade incondicional em relação a tudo que surgir na sua mente. Como esse tipo de compaixão incondicional é difícil de encontrar, um método tão simples e direto para despertá-la é preciosíssimo.

11

QUATRO QUALIDADES DE MAITRI

A meditação nos aceita exatamente como somos, com nossa confusão e nossa sanidade. Essa aceitação completa de como somos é uma relação simples e direta com nosso ser. Chamamos isso de maitri. Quatro qualidades de maitri são cultivadas quando meditamos:

1. *Firmeza.* Quando praticamos a meditação fortalecemos nossa capacidade de sermos firmes com nós mesmos, tanto no corpo quanto na mente.

2. *Visão clara.* A visão clara é outra maneira de dizer que reduzimos o autoengano. Por meio da prática da técnica dia após dia, ano após ano, passamos a ser muito francos com nós mesmos.

3. *Experiência de nossa angústia emocional.* Praticamos soltar qualquer história que estejamos contando a nós mesmos e encarar de peito aberto as emoções e o medo. Ficamos com a emoção, a experimentamos e a deixamos como é, sem proliferá-la. Treinamos, portanto, abrir o coração temeroso à inquietação de nossa própria energia. Aprendemos assim a permanecer com a experiência de nossa angústia emocional.

4. *Atenção ao momento presente.* Fazemos a escolha, momento a momento, de estar plenamente aqui. Dar atenção à nossa mente e ao nosso corpo no momento presente é um modo de ser terno consigo mesmo, com os outros e com o mundo. Essa qualidade de atenção é inerente à capacidade de amar.

Esses quatro fatores não se aplicam apenas à meditação sentada, e são essenciais para todas as práticas da boditchita e para lidarmos com situações difíceis na vida cotidiana. Quando os cultivamos, podemos começar a treinar como guerreiros e descobrir por conta própria que a nossa natureza mais básica é a boditchita, não a confusão.

12

A RAIZ DO SOFRIMENTO

O que nos mantém infelizes e presos a uma visão limitada da realidade é a nossa tendência a buscar prazer e evitar a dor, a buscar segurança e evitar a ausência de chão, a buscar conforto e evitar o desconforto. É assim que nos mantemos fechados num casulo. Lá fora estão todos os planetas, todas as galáxias e o vasto espaço, mas estamos presos aqui, neste casulo. A cada momento, decidimos que preferimos ficar neste casulo a sair para aquele grande espaço. A vida em nosso casulo é segura e aconchegante. Já estamos com tudo organizado. É segura, é previsível, é conveniente, é digna de confiança. Quando nos sentimos incomodados, apenas preenchemos todas as lacunas.

Nossa mente está sempre em busca de zonas de segurança. Estamos nessa zona de segurança e é isto que consideramos vida: estar com tudo organizado, ter segurança. A morte é perder isso. Temermos perder nossa ilusão de segurança – é isso que nos deixa ansiosos. Temermos ficar confusos, sem saber para onde ir. Queremos saber o que está acontecendo. A mente está sempre em busca de zonas de segurança, e essas zonas de segurança estão sempre se desfazendo. Então saímos às pressas para criar outra zona de segurança. Gastamos toda a nossa energia e desperdiçamos a vida tentando recriar essas zonas de segurança que estão sempre desmoronando. Essa é a essência do samsara – o ciclo de sofrimento que nasce de continuamente buscarmos a felicidade em todos os lugares errados.

13

O CLIMA E AS QUATRO NOBRES VERDADES

Em seu primeiro ensinamento – conhecido como as quatro nobres verdades –, o Buda falou sobre o sofrimento. A primeira nobre verdade afirma que sentir desconforto é parte de sermos humanos. Em essência, nada é de um jeito ou de outro. À nossa volta, o vento, o fogo, a terra, a água sempre assumem qualidades diferentes; são como mágicos. Também mudamos como o clima. Subimos e descemos como as marés, crescemos e minguamos como a Lua. Não vemos que, como o clima, somos fluidos, não sólidos. Por isso sofremos.

A segunda nobre verdade afirma que a resistência é o mecanismo fundamental do que chamamos de ego e que resistir à vida causa sofrimento. Tradicionalmente, diz-se que a causa do sofrimento é nos agarrarmos à nossa visão estreita, ou seja, sermos viciados no EU. Resistimos ao fato de mudarmos e fluirmos como o clima, de termos a mesma energia que todos os seres vivos. Quando resistimos, fincamos os calcanhares e nos fazemos muito sólidos. Resistir é o que chamamos de ego.

A terceira nobre verdade afirma que o sofrimento cessa quando paramos de tentar manter o imenso EU a qualquer custo. É o que praticamos na meditação. Quando abrimos mão das histórias e narrativas discursivas, ficamos apenas sentados com a qualidade e a energia do "clima" específico a que tentávamos resistir.

A essência da quarta nobre verdade é que podemos usar tudo que fazemos para nos ajudar a perceber que somos parte da energia que cria todas as coisas. Se aprendermos a permanecer sentados e imóveis como uma montanha em meio a um furacão, desprotegidos e expostos à verdade, à vivacidade e ao frescor imediato de simplesmente fazer parte da vida, não seremos esse ser separado que tem que fazer com que tudo saia do seu jeito. Quando paramos de resistir e deixamos que o clima simplesmente flua através de nós, podemos viver a vida por completo. Só depende de nós.

14

OS FATOS DA VIDA: A IMPERMANÊNCIA

De acordo com o Buda, a vida de todos os seres é marcada por três características: impermanência, ausência de ego e sofrimento ou insatisfação. Reconhecer que essas qualidades são reais e verdadeiras em nossa própria experiência nos ajuda a relaxar com as coisas do jeito que são. A primeira marca é a impermanência. O fato de nada ser estático nem fixo, de tudo ser passageiro e mutável, é a primeira marca da existência. Não precisamos ser místicos nem físicos para saber isso. Mas, no nível da experiência pessoal, resistimos a esse fato básico. Isso significa que a vida nem sempre será como queremos. Significa que há perdas e ganhos. E não gostamos disso.

Sabemos que tudo é impermanente; sabemos que tudo se desgasta. Embora possamos aceitar essa verdade em termos intelectuais, temos em relação a ela uma aversão emocional profundamente arraigada. Queremos a permanência; esperamos a permanência. Nossa tendência natural é buscar a segurança; acreditamos que podemos encontrá-la. Experimentamos a impermanência no dia a dia como frustração. Usamos nossa atividade diária como escudo contra a ambiguidade fundamental de nossa situação e gastamos uma energia tremenda para tentar evitar a impermanência e a morte. Não gostamos do fato de nosso corpo mudar de forma. Não gostamos de envelhecer. Temos medo de rugas e da pele flácida. Usamos produtos de beleza como se realmente acreditássemos que *nossa* pele, *nosso* cabelo, *nossos* olhos e dentes pudessem escapar milagrosamente da verdade da impermanência.

Os ensinamentos budistas aspiram a nos libertar desse modo limitado de nos relacionarmos com a impermanência. Eles nos encorajam a relaxar de modo gradual e incondicional diante da verdade óbvia e ordinária da mudança. Reconhecer essa verdade não significa que estejamos vendo as coisas pelo lado sombrio. Significa apenas que começamos a entender que não somos os únicos que não conseguem manter tudo em ordem. Não acreditamos mais que existam pessoas que conseguiram eliminar a incerteza.

15

NÃO CAUSAR DANO

Aprender a não causar dano a nós mesmos nem aos outros é um ensinamento budista básico. A não agressão tem o poder de curar. Não prejudicar a nós mesmos nem aos outros é a base da sociedade iluminada. Só assim poderá haver sanidade no mundo, e esse processo começa com a sanidade dos cidadãos, com a sanidade de cada um de nós. A agressão mais básica, o dano mais básico que podemos causar a nós mesmos é permanecer ignorantes por não termos a coragem e o respeito de nos olharmos com honestidade e gentileza.

A base para não causarmos dano é a atenção plena, é termos uma visão clara, com respeito e compaixão pelo que vemos. É isso que a prática básica nos mostra. Mas a atenção plena não se resume à meditação formal. Ela nos ajuda a nos relacionarmos com todos os detalhes da vida, nos ajuda a ver, ouvir e sentir os aromas sem fechar os olhos, os ouvidos e o nariz. É uma jornada para a vida inteira nos relacionarmos honestamente com o frescor imediato de nossa experiência e nos respeitarmos o suficiente para não julgá-la. À medida que nos entregamos mais a essa jornada de honestidade e bondade, é um choque perceber quão cegos estivemos para algumas maneiras pelas quais causamos sofrimento.

É doloroso encarar o modo como ferimos os outros, e isso leva tempo. É uma jornada que resulta do nosso compromisso com a gentileza e a honestidade, do nosso compromisso de permanecermos despertos e atentos. Através da atenção plena, vemos nossos desejos e nossa agressividade, nossa inveja e nossa ignorância. Não agimos a partir deles; apenas os vemos. Sem a atenção plena, não os vemos e eles proliferam.

16

O DARMA

O darma – o ensinamento do Buda – nos orienta a abrir mão da história que criamos e nos abrir ao *que é*: às pessoas em nossa vida, às situações em que estamos, aos nossos pensamentos, às nossas emoções. Temos uma determinada vida e, seja qual for, ela é um veículo para o despertar.

É comum ouvirmos os ensinamentos de maneira tão subjetiva que achamos que eles nos dizem o que é verdadeiro e o que é falso. Mas o darma nunca nos diz o que é verdadeiro e o que é falso. Ele só nos incentiva a descobrir por conta própria. No entanto, precisamos usar palavras, por isso usamos as máximas. Por exemplo, dizemos: "A prática diária é simplesmente para desenvolver a aceitação completa de todas as situações, emoções e pessoas." Soa como se fazer isso fosse verdadeiro e não fazer fosse falso. Mas não significa isso. Significa que podemos descobrir por conta própria o que é verdadeiro e o que é falso.

Tente viver dessa maneira e veja o que acontece. Você será confrontado com todas as suas dúvidas, seus medos e esperanças e se esforçará para compreendê-los. Quando começar a viver assim – com essa postura de "o que isso realmente significa?" –, você vai achar essa perspectiva muito interessante. Depois de um tempo, até esquecerá que está se fazendo essa pergunta. Você apenas pratica a meditação ou apenas vive a sua vida e tem um insight – uma visão fresca do que é verdadeiro. O insight vem de repente, como se você estivesse perambulando pelas trevas e alguém acendesse todas as luzes e revelasse um palácio que estava lá o tempo todo. É como se descobríssemos algo que ninguém mais sabe, mas que, mesmo assim, é absolutamente simples e direto.

17

A PRÁTICA DA ATENÇÃO PLENA E DA CONTENÇÃO

A contenção é basicamente o método para se tornar uma pessoa dármica. É a qualidade de não procurar entretenimento no minuto em que sentimos uma pontinha de tédio chegando. É a prática de não preencher imediatamente o espaço só porque há uma lacuna.

Uma prática interessante que combina a atenção plena com a contenção é simplesmente notar seus movimentos físicos quando se sentir desconfortável. Quando sentimos que estamos perdendo o chão, fazemos pequenos movimentos nervosos e sobressaltados. Talvez você note que, quando se sente pouco à vontade, faz coisas como puxar a orelha, coçar um local que nem está coçando ou endireitar o colarinho. Quando notar o que está fazendo, não tente mudar. Não se critique. Só perceba o que é.

Conter-se – não agir habitualmente por impulso – tem a ver com abrir mão da mentalidade do entretenimento. Por meio da contenção, vemos que há algo entre o surgimento do apego – da agressividade, da solidão ou seja lá o que for – e a ação que realizamos como resultado dele. Há algo dentro de nós que não queremos experimentar e nunca experimentamos, porque somos muito rápidos em agir. A prática da atenção plena e da contenção é um modo de entrar em contato com a ausência de chão fundamental – ao percebermos como tentamos evitá-la.

18

Relaxe assim como está

É útil lembrar sempre que meditar significa se abrir e relaxar com tudo que aparecer, sem ficar escolhendo e selecionando. Certamente isso não significa reprimir coisa alguma, tampouco pretende sugerir que nos agarremos às coisas. Allen Ginsberg usava a expressão "mente da surpresa". Você se senta e, bum!, uma surpresa bem desagradável aparece. Pois que assim seja. Não é algo a rejeitar, mas sim compassivamente reconhecer como "pensando" e deixar como está. Então, uau!, uma surpresa deliciosa aparece. Tudo bem. Não é algo a que se agarrar, mas sim compassivamente reconhecer como "pensando" e deixar como está. As surpresas são intermináveis. Milarepa, o iogue tibetano do século XII que compôs canções maravilhosas sobre o modo adequado de meditar, dizia que a mente tem mais projeções do que as partículas de poeira num raio de sol e que nem centenas de lanças acabariam com elas. Como meditadores, podemos muito bem parar de lutar contra nossos pensamentos e perceber que a honestidade e o senso de humor são muito mais úteis e inspiradores do que qualquer tipo de esforço religioso solene a favor ou contra alguma coisa.

De qualquer modo, a questão não é tentar se livrar dos pensamentos, mas sim ver sua verdadeira natureza. Os pensamentos nos farão andar em círculos e perder tempo se acreditarmos neles, mas na verdade são como imagens num sonho. São como uma ilusão – não são tão sólidos quanto parecem ser. Como dizemos, são apenas pensamentos.

19

Trabalhando com as máximas do lojong

Para inverter a lógica do ego, praticamos as máximas do guerreiro ensinadas por Atisha, mestre tibetano que viveu no século XI. Essas máximas dizem coisas como "Não seja invejoso", e você pergunta a si mesmo: "Como ficaram sabendo?" Ao ouvir "Seja grato a todos", talvez pergunte a si mesmo como fazer isso ou por que se dar esse trabalho. Algumas máximas, como "Sempre medite sobre tudo que provoca ressentimento", nos exortam a ir além do bom senso. Essas máximas nem sempre são o que você gostaria de ouvir – muito menos o que acharia inspirador.

Mas, ao praticarmos com elas, as máximas serão como nossa respiração, nossa visão, nosso primeiro pensamento; serão como os cheiros que sentimos e os sons que ouvimos. Podemos deixar que permeiem todo o nosso ser. Esse é o ponto. Elas não são teóricas nem abstratas, pois se referem exatamente a quem somos e ao que nos acontece. Elas têm a ver com a nossa maneira de experimentar as coisas e nos relacionarmos com tudo que acontece na vida, com a maneira de lidarmos com a dor, o medo, o prazer e a alegria – e como tudo isso pode nos transformar total e completamente. Quando trabalhamos com as máximas, a vida cotidiana se torna o caminho da iluminação.

20

Máxima: "Todas as atividades devem ser realizadas com uma intenção"

Inspirar, expirar, sentir ressentimento, sentir felicidade, ser capaz de soltar, não ser capaz de soltar, comer, escovar os dentes, andar, sentar-se – o que quer que estejamos fazendo pode ser feito com uma só intenção. Essa intenção é o despertar. Queremos amadurecer nossa compaixão e queremos amadurecer nossa capacidade de soltar, queremos perceber nossa conexão com todos os seres. Todas as coisas em nossa vida têm o potencial de nos despertar ou nos adormecer. Cabe a nós permitir que nos despertem.

21

Transformar flechas em flores

Na noite em que alcançaria a iluminação, o Buda se sentou sob uma árvore. Enquanto estava lá, as forças de Mara lhe atiraram flechas para distraí-lo da iluminação, mas, com consciência, ele transformou as armas em flores.

Os ensinamentos tradicionais sobre as forças de Mara descrevem a natureza dos obstáculos e como os seres humanos habitualmente ficam confusos e perdem a confiança em sua mente de sabedoria básica. Os ensinamentos sobre os quatro maras oferecem descrições de alguns modos muito comuns de tentar rejeitar o que está acontecendo. Como o Buda, podemos transformar essas flechas em flores. Em vez de tentar nos livrar dos obstáculos ou acreditar que estamos sendo atacados, podemos usá-los para ver o que fazemos quando estamos sob pressão. Nós nos fechamos ou nos abrimos? Ficamos ressentidos ou nos suavizamos? Ficamos mais sábios ou mais burros?

1. *Devaputra mara* envolve a busca do prazer. Todo obstáculo que encontramos tem o poder de estourar a bolha da realidade que passamos a considerar certa e segura. Quando somos ameaçados dessa maneira, não suportamos o nervosismo, a ansiedade, o calor da raiva subindo, o gosto amargo do ressentimento. Portanto, buscamos o que achamos que fará com que tudo isso

vá embora. Tentamos nos agarrar a algo prazeroso. O meio de transformar essa flecha em flor é abrir o coração e ver de que modo tentamos escapar. Podemos usar a busca do prazer como oportunidade para observar o que fazemos em face da dor.

2. *Skandha mara* tem a ver com o modo como tentamos nos recriar quando tudo desmorona. Queremos retornar logo à terra firme do conceito que temos de nós mesmos. Trungpa Rinpoche chamava isso de "nostalgia do samsara". Quando tudo se desfaz, em vez de lutar para recuperar o conceito de quem somos, podemos usar a situação para sermos abertos e inquisitivos sobre o que aconteceu e o que acontecerá em seguida. É assim que transformamos essa flecha em flor.

3. *Klesha mara* se caracteriza por emoções fortes. Em vez de simplesmente deixarmos os sentimentos existirem, nós os entrelaçamos numa história que traz à tona emoções ainda maiores. Usamos as emoções para recuperar o chão sob nossos pés quando as coisas desmoronam. Podemos transformar essa flecha em flor usando as emoções pesadas como um meio de desenvolver a verdadeira compaixão por nós e por todo mundo.

4. *Yama mara* está enraizado no medo da morte. Ao controlarmos nossa experiência, matamos o momento. Queremos nos agarrar ao que temos. Queremos que toda experiência nos afirme e nos congratule e nos faça sentir completamente bem resolvidos. Dizemos que yama mara é o medo da morte, mas na verdade é o medo da vida. Podemos transformar essa flecha em flor usando o desejo de controlar como um lembrete para experimentar cada momento de um jeito completamente novo e fresco. Sempre podemos retornar à mente da sabedoria básica.

22

Nada sólido

Afastar-se da experiência, afastar-se do momento presente, com todos os nossos hábitos e estratégias, sempre vai dar em inquietação, insatisfação e infelicidade. O conforto que associamos a tornar as coisas concretas e sólidas é muito transitório, tem vida muito curta.

Encarar nossa experiência de frente – seja a experiência de abertura do amor e da compaixão ou a experiência de fechamento do ressentimento e da separação – nos traz uma enorme sensação de liberdade: a liberdade do nada sólido. Há algo em "nada sólido" que começa a ser visto como liberdade. Enquanto isso, descobrimos que preferimos nos sentir plenamente presentes em nossa vida a ficar por aí tentando tornar tudo sólido e seguro, envolvidos em nossas fantasias e nossos padrões viciantes. Percebemos que nos conectarmos com nossa experiência indo ao encontro dela é mais agradável do que resistir a ela nos afastando. Estar no momento, mesmo quando dói, é preferível a evitá-lo. Quando treinamos nos aproximar do momento presente dessa maneira, ficamos mais familiarizados com a ausência de chão, com um estado de ser mais fresco que está constantemente disponível para nós. Afastar-se do conforto e da segurança para entrar no desconhecido, inexplorado e instável – isso se chama liberação.

23

OS FATOS DA VIDA: A AUSÊNCIA DE EGO

A segunda marca da existência é a ausência de ego, às vezes chamada de *não eu*. Essas palavras podem ser enganosas. Não significam que desaparecemos – ou que apagamos nossa personalidade. A ausência de ego significa que a ideia fixa que temos de nós mesmos como indivíduos sólidos e separados uns dos outros é dolorosamente limitante. O fato de nos levarmos tão a sério, de sermos tão absurdamente importantes em nossa mente, é um problema. Para nós, a autoimportância é como uma prisão que nos limita ao mundo de nossos gostos e aversões. Acabamos mortos de tédio conosco e com o mundo. Acabamos muito insatisfeitos.

Temos duas alternativas: ou consideramos que tudo é garantido e real ou não. Ou aceitamos nossas versões fixas da realidade ou começamos a questioná-las. Na opinião do Buda, treinar se manter aberto e curioso – treinar dissolver as barreiras que construímos entre nós e o mundo – é o melhor uso de nossa vida humana.

Ausência de ego é uma identidade flexível. Ela se manifesta como curiosidade, adaptabilidade, senso de humor, ludicidade. É nossa capacidade de relaxar mesmo sem entender tudo, sem ter certeza de quem somos ou de quem os outros são. Cada momento é único, desconhecido, novo. Para o guerreiro em treinamento, a ausência de ego é causa de alegria, não de medo.

24

Ficar no meio

A abertura não vem de resistir aos medos, mas de conhecê-los bem. Não podemos cultivar o destemor sem uma investigação compassiva do funcionamento do ego. Assim, perguntamos a nós mesmos: "O que acontece quando sinto que não consigo lidar com o que está acontecendo? Quais são as histórias que conto a mim mesmo? O que me causa repulsa e o que me atrai? Para onde me volto em busca de força e em que deposito minha confiança?"

A primeira coisa que ocorre na meditação é que começamos a ver o que está acontecendo. Embora ainda fujamos e ainda nos deixemos levar pelas nossas vontades, vemos claramente o que estamos fazendo. Reconhecemos nossas aversões e nossos apegos. Ficamos familiarizados com as crenças e estratégias que usamos para fortalecer nosso casulo. Com a atenção plena como método, começamos a ter curiosidade sobre o que está acontecendo. Durante muito tempo, simplesmente vemos com clareza. Quanto mais nos dispomos a ver com clareza nossa complacência e nossa repressão, mais esses padrões começam a se desgastar. Desgastar-se não é exatamente a mesma coisa que ir embora. Em vez disso, surge uma perspectiva mais ampla, mais generosa e iluminada.

Para ficar no meio entre deixar-se levar e reprimir, basta

reconhecer tudo que surgir sem julgamento, deixando os pensamentos simplesmente se dissolverem, e depois voltar à abertura deste exato momento. É isso que realmente estamos fazendo na meditação. Lá vêm todos esses pensamentos, mas, em vez de silenciá-los ou ficar obcecados por eles, nós os reconhecemos e os deixamos ir embora. Em seguida voltamos a simplesmente estar aqui.

Depois de algum tempo, é assim que passamos a nos relacionar com a esperança e o medo na vida cotidiana. Do nada, paramos de lutar e relaxamos. Vemos a história que construímos, a soltamos e voltamos ao frescor do momento presente.

25

MÁXIMA: "DENTRE AS DUAS TESTEMUNHAS, FIQUE COM A PRINCIPAL"

O ponto principal no treinamento da boditchita e em toda a prática é que você é o único que sabe o que está se abrindo e o que está se fechando. Você é o único que sabe. Um tipo de testemunha é o feedback e a opinião que todo mundo lhe dá. Vale a pena escutar; há alguma verdade no que os outros dizem. No entanto, a principal testemunha é você. Você é o único que sabe quando está se abrindo e quando está se fechando. Você é o único que sabe quando usa as coisas para se proteger e manter seu ego intacto e quando se abre e deixa as coisas desmoronarem – quando deixa o mundo ser como é, trabalhando com ele em vez de lutar contra ele. Você é o único que sabe.

Outra máxima diz: "Não transforme deuses em demônios." Isso significa que você pode pegar algo bom – o treinamento da mente, por exemplo – e transformá-lo num demônio. Você pode usar qualquer coisa para fechar suas portas e janelas. Pode usar a prática para reforçar sua confiança, para reforçar a sensação de estar no lugar certo no momento certo, de ter escolhido a religião certa e pensar "estou no lado do bem e está tudo certo no mundo". Isso não ajuda muito. Se usar tonglen ou qualquer prática para se sentir um herói, acabará percebendo que está numa batalha contra a realidade e que a realidade está sempre ganhando. Mas você é o único que sabe.

26

Encontrando o limite

Nos ensinamentos do budismo, ouvimos falar da ausência de ego. Parece difícil entender: afinal de contas, do que estão falando? Quando os ensinamentos são sobre neurose, nos sentimos em casa. É algo que entendemos muito bem. Mas ausência de ego? Quando chegamos ao nosso limite, se aspiramos a conhecer plenamente esse lugar – ou seja, se aspiramos a não nos deixar levar nem nos reprimir –, uma dureza em nós se dissolverá. Seremos suavizados pela pura força da energia que vier à tona – a energia da raiva, a energia da decepção, a energia do medo. Quando não se solidifica numa direção ou outra, essa mesma energia nos penetra até o coração e nos abre. Essa é a descoberta da ausência de ego. É quando todos os nossos esquemas costumeiros desmoronam. Chegar ao nosso limite é como encontrar uma porta para a sanidade e para a bondade incondicional da humanidade, não um obstáculo ou uma punição.

O lugar mais seguro e mais estimulante para começar a trabalhar assim é durante a meditação sentada. Na almofada, começamos a pegar o jeito de como não nos deixar levar nem nos reprimir, de como permitir que a energia simplesmente fique ali. Por isso é tão bom meditar todo santo dia e continuar a fazer amizade várias e várias vezes com nossos medos e esperanças. Isso lança as sementes que nos permitem estar mais despertos em meio ao caos cotidiano. É um despertar gradual e cumulativo, mas é realmente o que acontece. Não nos sentamos em meditação para nos tornarmos bons meditadores. Nós nos sentamos em meditação para estarmos mais despertos em nossa vida.

27

Os fatos da vida: o sofrimento

A terceira marca da existência é o sofrimento, a insatisfação. Em poucas palavras, sofremos quando resistimos à nobre e irrefutável verdade da impermanência e da morte. Não sofremos porque somos basicamente maus ou merecemos ser punidos, mas por causa de três trágicas confusões.

A primeira: esperamos que aquilo que está sempre em processo de mudança seja compreensível e previsível. Por confundirmos o impermanente com o permanente, sofremos.

A segunda: agimos como se estivéssemos separados de todo o resto, como se fôssemos uma identidade fixa, quando nossa verdadeira situação é livre de ego. Por confundirmos a abertura de nosso ser com um eu sólido e irrefutável, sofremos.

A terceira: procuramos a felicidade nos lugares errados. O Buda chamava esse hábito de "confundir sofrimento com felicidade". Costumamos recorrer a comportamentos que aliviam o nervosismo do momento. Assim, somos cada vez menos capazes de tolerar a menor irritação e o desconforto mais efêmero. O que começa como uma ligeira mudança de energia – um leve aperto no peito, a sensação vaga e indefinível de que algo ruim está prestes a acontecer – cresce e se torna um vício. Esse é nosso modo de tentar tornar a vida previsível. Por confundirmos o que sempre resulta em sofrimento com o que nos trará felicidade, permanecemos empacados no hábito repetitivo de aumentar nossa insatisfação.

28

Esperança e medo

Um dos ensinamentos budistas clássicos sobre esperança e medo diz respeito às chamadas oito preocupações mundanas. São quatro pares de opostos – quatro coisas de que gostamos e a que nos apegamos, e quatro coisas de que não gostamos e que tentamos evitar. A mensagem básica é que, quando ficamos presos nas oito preocupações mundanas, sofremos.

Primeiro, gostamos do prazer e somos apegados a ele. Por outro lado, não gostamos da dor. Segundo, gostamos do elogio e somos apegados a ele. Tentamos evitar críticas e acusações. Terceiro, gostamos da fama e somos apegados a ela. Não gostamos da infâmia e tentamos evitá-la. Finalmente, somos apegados ao ganho, a conseguir o que queremos. Não gostamos de perder o que temos.

De acordo com esse ensinamento muito simples, estarmos imersos nesses quatro pares de opostos – prazer e dor, elogio e crítica, fama e infâmia, ganho e perda – é o que nos mantém presos na dor do samsara.

Podemos sentir que, de certo modo, deveríamos erradicar esses sentimentos de prazer e dor, ganho e perda, elogio e crítica, fama e infâmia. Uma abordagem mais prática é conhecê-los intimamente, ver como nos fisgam, como colorem nossa percepção da realidade, ver que não são tão sólidos assim. Então as oito preocupações mundanas passam a ser um meio de nos tornarmos mais sábios, mais bondosos e mais satisfeitos.

29

Não leve as coisas tão a sério
(e faça algo diferente)

Ser capaz de se levar menos a sério é a chave para se sentir à vontade com seu corpo, sua mente e suas emoções, para se sentir digno de viver neste planeta. Por exemplo, você pode ouvir a máxima "Mantenha sempre uma mente alegre" e começar a se punir por nunca estar alegre. Esse tipo de testemunha é meio pesado.

Essa sisudez, essa seriedade sobre tudo em nossa vida – inclusive a prática –, essa atitude orientada a metas, esse "tudo ou nada", é o maior estraga-prazeres do mundo. Assim não dá para apreciar nada, porque levamos tudo a sério demais. Por outro lado, uma mente alegre é muito simples e relaxada. Portanto, não leve as coisas tão a sério. Não dê tanta importância às coisas.

Quando sua aspiração é levar-se menos a sério, você começa a ter senso de humor. Começam a surgir brechas em seu estado de espírito tão sério. Além do senso de humor, um suporte fundamental à mente alegre é a curiosidade, é prestar atenção, se interessar pelo mundo à sua volta. A felicidade não é necessária, mas ser curioso, sem uma atitude pesada e julgadora, ajuda. Se você *for* julgador, pode ficar curioso até mesmo em relação a isso.

A curiosidade incentiva a alegria. Simplesmente se lembrar de fazer algo diferente também. Ficamos tão fechados nesse fardo – a Grande Alegria e a Grande Infelicidade – que às vezes apenas mudar o padrão já ajuda. Fazer qualquer coisa fora do comum ajuda. Você pode ir à janela olhar o céu, pode espirrar água fria no rosto, pode cantar no chuveiro, pode sair para correr – fazer qualquer coisa que fuja do seu padrão habitual. É assim que as coisas começam a ficar mais leves.

30

OS QUATRO LEMBRETES

Os quatro lembretes são quatro boas razões para o guerreiro-bodisatva fazer um esforço contínuo de retornar ao momento presente. Eles são:

1. *Nosso precioso nascimento humano.* Assim como acontece com o clima, todos os tipos de sentimentos, emoções e pensamentos vêm e vão, mas não há razão para esquecer quão preciosa é a situação. Nosso nascimento humano nos permite ouvir esses ensinamentos, praticar, estender nosso coração aberto aos outros.

2. *A verdade da impermanência.* A essência da vida é passageira. A vida pode acabar no próximo instante! Lembrar a impermanência pode ensinar muito sobre como se alegrar. Tudo bem ficar assustado com essa ideia. Ver seu próprio medo pode aumentar a sensação de gratidão pela preciosidade do nascimento humano e pela oportunidade de praticar.

3. *A lei do carma.* Toda ação tem um resultado. Toda vez que se dispõe a reconhecer seus pensamentos e voltar ao frescor do momento presente, você lança as sementes do despertar em

seu próprio futuro. Você cultiva o despertar inato e fundamental quando aspira a soltar o modo habitual de agir e fazer algo diferente. Você é o único que pode fazer isso. A vida é preciosa e breve, e você pode usá-la bem.

4. *A futilidade do samsara.* Samsara é preferir a morte à vida. Ele nasce de sempre tentarmos criar zonas de segurança. Ficamos presos aqui porque nos agarramos a uma identidadezinha engraçada que nos dá algum tipo de segurança, por mais dolorosa que seja. O quarto lembrete é sobre a futilidade dessa estratégia.

31

Céu e inferno

Um samurai grande e musculoso procura um mestre Zen e lhe pede:
– Diga-me a natureza do céu e do inferno.

O mestre Zen o olha bem nos olhos e diz:
– Por que eu diria isso a um porco desprezível, nojento e infeliz como você? Um verme como você... Acha que eu deveria lhe dizer alguma coisa?

Consumido pela raiva, o samurai saca a espada e a ergue para cortar a cabeça do mestre.

O mestre Zen diz:
– Esse é o inferno.

No mesmo instante, o samurai entende que acabou de criar seu próprio inferno – escuro e quente, cheio de ódio, autoproteção, raiva e mágoa. Ele vê que fora tão fundo no inferno que estava pronto para matar alguém. As lágrimas enchem seus olhos enquanto ele junta as palmas das mãos e se curva em gratidão pelo ensinamento.

O mestre Zen diz:
– Esse é o céu.

A visão do guerreiro-bodisatva não é "o inferno é ruim e o céu é bom" nem "livre-se do inferno e busque apenas o céu". Em vez disso, incentivamos a nós mesmos a desenvolver um coração aberto e uma mente aberta para o céu, para o inferno, para tudo. Só com esse tipo de equanimidade podemos perceber que, não importa o que aconteça, estamos sempre em meio a um espaço sagrado. Só com a equanimidade conseguimos ver que tudo que entra em nosso círculo veio para nos ensinar o que precisamos saber.

32

AS TRÊS ESTRATÉGIAS FÚTEIS

Em geral, os seres humanos usam três métodos para lidar com hábitos problemáticos como a preguiça, a raiva ou a autocomiseração. Eu os chamo de as três estratégias fúteis – atacar, deixar-se levar e ignorar.

A estratégia fútil de atacar é especialmente popular. Quando vemos nosso hábito, nos condenamos. Nós nos criticamos e nos envergonhamos por cedermos ao conforto, por sentirmos pena de nós mesmos ou por não sairmos da cama. Chafurdamos na culpa e na autocondenação.

A estratégia fútil de nos deixarmos levar é igualmente popular. Justificamos e até aplaudimos nosso hábito: "É assim que sou. Não mereço ficar desconfortável nem lidar com inconveniências. Tenho muitas razões para ficar zangado ou para dormir 24 horas por dia." Podemos até ser atormentados pela dúvida e por sentimentos de inadequação, mas nos convencemos a fazer vista grossa para nosso comportamento.

A estratégia de ignorar é bastante eficaz, pelo menos por algum tempo. Nós nos dissociamos, nos distraímos, nos entorpecemos. Fazemos o possível para nos distanciarmos da verdade nua e crua de nossos hábitos. Ligamos o piloto automático e evitamos olhar muito de perto para o que estamos fazendo.

As práticas de treinamento da mente do guerreiro nos apresentam uma quarta alternativa, a alternativa de uma estratégia iluminada. Tente experimentar plenamente tudo a que costuma resistir – sem recair no comportamento habitual que usa para fugir. Torne-se curioso a respeito de seus próprios hábitos. Treine entrar em contato com a ternura e a ausência de chão fundamentais de seu ser antes que se enrijeçam e se tornem hábitos. Faça isso com a clara intenção de diminuir sua fixação no eu e aumentar sua sabedoria e sua compaixão.

33

O OPOSTO DO SAMSARA

O oposto do samsara é quando todos os muros caem, quando o casulo desaparece por completo e ficamos totalmente abertos ao que pode acontecer, sem nos retrairmos, sem nos centrarmos em nós mesmos. É a isto que aspiramos, à jornada do guerreiro. É isto que mexe conosco: dar o salto, ser jogado do ninho, passar pelos ritos de iniciação, crescer, adentrar algo incerto e desconhecido.

O que você faz quando se vê ansioso porque seu mundo está desmoronando? Como reage quando não está à altura da imagem que faz de si mesmo, quando todos o irritam porque ninguém faz o que você quer e toda a sua vida está repleta de sofrimento emocional, confusão e conflito? Nesses momentos, é bom lembrar que você está passando por uma turbulência emocional porque, em alguma medida, seu conforto acabou de ser atacado. É como se puxassem o tapete debaixo de seus pés. Sintonizar-se com esse sentimento de ausência de chão é um modo de recordar que, basicamente, você prefere *mesmo* a vida e a luta do guerreiro à morte.

34

Cultivando as quatro qualidades ilimitadas

Certa vez uma mestra me disse que, se eu quisesse a felicidade duradoura, a única maneira de consegui-la seria sair de meu casulo. Quando lhe perguntei como levar felicidade aos outros, ela respondeu: "Mesma instrução." Por essa razão trabalho com as práticas de aspiração das quatro qualidades ilimitadas de bondade amorosa, compaixão, alegria e equanimidade: a melhor maneira de servir a si mesmo é amar e cuidar dos outros. Essas são ferramentas poderosas para dissolver as barreiras que perpetuam o sofrimento de todos os seres.

É melhor fazer a meditação sentada antes e depois dessas práticas. Para começar, partimos de onde estamos e nos conectamos com o ponto onde já sentimos bondade amorosa, compaixão, alegria ou equanimidade atualmente, por mais limitadas que sejam. (Você pode até fazer uma lista das pessoas ou animais que lhe inspiram esses sentimentos.) Aspiramos a que nós e nossos entes queridos possam desfrutar da qualidade que estamos praticando. Então, aos poucos, ampliamos essa aspiração a um círculo cada vez maior de relacionamentos.

Podemos fazer essa prática em três passos simples, usando as frases do canto tradicional das Quatro Qualidades Ilimitadas ou quaisquer palavras que façam sentido para nós. Primeiro, desejamos uma das quatro qualidades ilimitadas a nós mesmos. "Que eu desfrute da bondade amorosa." Em seguida incluímos um ente querido nessa aspiração: "Que você desfrute da bondade amorosa." Então estendemos o desejo a todos os seres sencientes: "Que todos os seres desfrutem da bondade amorosa." Ou para a compaixão: "Que eu seja livre do sofrimento e da raiz do sofrimento. Que você seja livre do sofrimento e da raiz do sofrimento. Que todos os seres sejam livres do sofrimento e da raiz do sofrimento." Para uma prática de aspiração mais elaborada, podemos usar sete estágios (veja o ensinamento 35).

As práticas de aspiração das quatro qualidades ilimitadas nos treinam a não nos travar, a ver nossos preconceitos e não alimentá-los. Aos poucos, pegaremos o jeito de ir além do medo de sentir dor. É disso que precisamos para nos envolvermos com as tristezas do mundo, para estendermos a bondade amorosa, a compaixão, a alegria e a equanimidade a todos – sem exceção.

35

A PRÁTICA DA BONDADE AMOROSA

Passar da agressão à bondade amorosa incondicional parece uma tarefa intimidadora. Mas começamos com o que já nos é familiar. A instrução para cultivar maitri ilimitada é encontrar primeiro a ternura que já temos. Nós a tocamos com nossa gratidão ou apreciação – nossa capacidade atual de sentir benevolência. De maneira nada teórica, entramos em contato com o ponto sensível da boditchita. Não importa se o encontramos na ternura do amor ou na vulnerabilidade da solidão. Ao procurarmos esse lugar sensível e desprotegido, sempre conseguimos encontrá-lo.

Esta prática formal em sete passos usa a primeira aspiração do canto das Quatro Qualidades Ilimitadas. Você também pode expressar a aspiração em suas próprias palavras.

1. Desperte a bondade amorosa por si mesmo. "Que eu desfrute da felicidade e da raiz da felicidade", ou use suas próprias palavras.

2. Desperte-a por alguém por quem você sente boa vontade e ternura de modo inequívoco e espontâneo, como sua mãe, seu filho, seu parceiro, seu cachorro. "Que (nome) desfrute da felicidade e da raiz da felicidade."

3. Desperte a bondade amorosa por alguém um pouquinho mais distante, como um amigo ou um vizinho, mais uma vez dizendo seu nome e desejando a felicidade dessa pessoa, usando as mesmas palavras.

4. Desperte a bondade amorosa por alguém que, para você, é neutro ou indiferente, usando as mesmas palavras.

5. Desperte a bondade amorosa por alguém que você considera difícil ou ofensivo.

6. Deixe a bondade amorosa crescer a ponto de incluir todos os seres das cinco etapas acima. (Esta etapa se chama "dissolvendo as barreiras".) Diga: "Que eu, meu amado, meu amigo, a pessoa neutra e a pessoa difícil desfrutem, todos juntos, da felicidade e da raiz da felicidade."

7. Estenda a bondade amorosa a todos os seres em todo o universo. Você pode começar com os arredores da sua casa e expandir o círculo mais e mais. "Que todos os seres desfrutem da felicidade e da raiz da felicidade."

No fim da prática, solte as palavras, solte as aspirações e retorne à simplicidade não conceitual da meditação sentada.

36

Cultivando a compaixão

Assim como acontece com o amor, nutrir nossa capacidade de sentir compaixão também é um modo de despertar a boditchita. A compaixão, no entanto, é emocionalmente mais desafiadora do que a bondade amorosa porque envolve a disposição a sentir dor. Ela definitivamente exige o treinamento de um guerreiro.

Para estimular a compaixão, o iogue do século XIX Patrul Rinpoche sugere imaginar seres em tormento – um animal prestes a ser abatido, uma pessoa aguardando a própria execução. Para tornar tudo isso ainda mais imediato, ele recomenda que nos imaginemos no lugar desses seres. Especialmente dolorosa é sua imagem da mãe sem braços que vê um rio caudaloso levando seu filho embora. Entrar em contato plena e diretamente com o sofrimento de outro ser é tão doloroso quanto estar no lugar dessa mulher. Para a maioria de nós, só pensar numa coisa dessas já é assustador. Quando praticamos gerar compaixão, é de esperar que experimentemos nosso medo da dor.

A prática da compaixão é ousada. Envolve aprender a relaxar e permitir que avancemos delicadamente na direção do que nos assusta. O truque para isso é permanecer com a angústia emocional sem se enrijecer em aversão; é deixar o medo nos suavizar em vez de nos endurecermos em resistência.

Pode ser difícil até mesmo pensar em seres atormentados, quanto mais agir em seu nome. Sabendo disso, nós começamos com uma prática que é bastante fácil. Cultivamos a coragem fazendo aspirações. Geramos o desejo de que todos os seres, inclusive nós e aqueles de quem não gostamos, sejam livres do sofrimento e da raiz do sofrimento.

37

A PRÁTICA DA COMPAIXÃO

Cultivamos a compaixão para suavizar o coração e também nos tornarmos mais honestos e pacientes com nós mesmos em relação a quando e como nos fecharmos. Sem nos justificar nem condenar, fazemos o corajoso trabalho de nos abrir ao sofrimento. Essa pode ser a dor que vem quando erguemos barreiras ou abrimos o coração à nossa tristeza ou à tristeza de outro ser. Aprendemos a fazer isso tanto com nossos fracassos quanto com nossos sucessos. Ao cultivar a compaixão, aproveitamos a totalidade de nossa experiência – nosso sofrimento, nossa empatia, nossa crueldade e nosso terror. Tem que ser assim. A compaixão não é uma relação entre aquele que cura e aquele que está ferido. É uma relação entre iguais. Só quando conhecemos nossa própria escuridão podemos estar presentes com a escuridão dos outros. A compaixão se torna real quando reconhecemos nossa humanidade em comum.

Como em todas as práticas de aspiração das quatro qualidades ilimitadas, iniciamos a prática da compaixão no ponto em que estamos e então expandimos nossa capacidade. Começamos localizando nossa capacidade atual de ser genuinamente tocados pelo sofrimento. Podemos fazer uma lista das pessoas que nos evocam o sentimento de compaixão. Ela pode incluir nosso neto, nosso irmão e aquele amigo que tem medo de morrer, assim como seres que vemos no noticiário ou sobre os quais lemos num livro. A intenção é simplesmente se conectar com a compaixão genuína, onde quer que a encontremos. Então podemos seguir a fórmula de três passos: "Que eu seja livre do sofrimento. Que você seja livre do sofrimento. Que sejamos livres do sofrimento." Também podemos seguir o processo formal de sete passos apresentado no ensinamento 35, dizendo "Que eu seja livre do sofrimento e da raiz do sofrimento" ou usando as palavras que preferirmos. Como em todas as práticas de boditchita, é melhor fazer a aspiração de compaixão no meio de uma sessão de meditação sentada.

38

Cultivando a capacidade
de se alegrar

À medida que cultivamos nosso jardim, as condições se tornam mais propícias ao crescimento da boditchita. Começamos a sentir alegria. Ela vem de não desistirmos de nós mesmos, de permanecermos conscientemente com nós mesmos e começarmos a experimentar nosso grande espírito guerreiro. Também oferecemos as condições para a expansão da alegria treinando as práticas da boditchita e, especificamente, treinando o regozijo e a apreciação. Como nas outras qualidades ilimitadas, podemos fazer uma prática de aspiração em três etapas. "Que eu não seja separado da grande alegria livre de sofrimento. Que você não seja separado da grande alegria livre de sofrimento. Que não sejamos separados da grande alegria livre de sofrimento." Também podemos fazer isso como a prática de sete estágios (ver o ensinamento 35). Tudo bem usar suas próprias palavras.

A apreciação e a alegria nessas palavras se referem a sempre se manter na natureza aberta e imparcial da mente, a se conectar com a força interior da bondade fundamental. No entanto, para isso começamos com exemplos condicionados de boa sorte, como saúde, inteligência básica, um ambiente que nos apoie – as condições afortunadas que constituem um nascimento humano precioso. Para o guerreiro do despertar, a maior vantagem é nos encontrarmos numa época em que é possível ouvir e praticar os ensinamentos da boditchita.

Podemos praticar o primeiro passo da aspiração aprendendo a nos regozijar com nossa própria boa sorte. O segredo é estar aqui, plenamente conectado com os detalhes de nossa vida, prestando atenção. Assim expressamos nossa apreciação: a amizade por nós e pela qualidade viva que se encontra em tudo. Essa combinação de atenção plena e apreciação nos conecta totalmente com a realidade e nos traz alegria. Quando estendemos a atenção e a apreciação a nosso ambiente e aos outros, nossa experiência de alegria se expande ainda mais.

39

A PRÁTICA DA EQUANIMIDADE

Com as práticas de bondade amorosa, compaixão e alegria, treinamos pensar grande, nos abrir da forma mais sincera possível. Cultivamos o estado imparcial de equanimidade. Sem essa quarta qualidade ilimitada, as outras três são limitadas por nosso hábito de gostar e desgostar, de aceitar e rejeitar.

Treinar a equanimidade é aprender a abrir a porta a tudo, a receber todos os seres, a convidar a vida a nos visitar. É claro que, quando alguns convidados chegam, sentimos medo e aversão. Então nos permitimos abrir só uma fresta da porta, se for o que conseguimos fazer agora, e nos permitimos fechar a porta quando necessário. Cultivar a equanimidade é um trabalho em andamento. Aspiramos a passar a vida treinando a bondade amorosa e a coragem necessárias para receber tudo que aparecer – doença, saúde, pobreza, riqueza, tristeza e alegria. Acolhemos e começamos a conhecer toda e qualquer experiência.

A equanimidade é maior do que nossa perspectiva limitada de sempre. É a mente vasta que não estreita a realidade em gosto ou não gosto, a favor ou contra. Ao entrar em contato com o ponto em que sentimos a equanimidade, podemos treinar formalmente seu cultivo com a prática de três etapas: "Que eu habite na grande equanimidade, livre de paixão, agressão e preconceito. Que você habite na grande equanimidade, livre de paixão, agressão e preconceito. Que todos os seres habitem na grande equanimidade, livres de paixão, agressão e preconceito." Como sempre, tudo bem usar suas próprias palavras. A prática de aspiração de equanimidade também pode ser expandida em sete estágios (ver o ensinamento 35). Faça um pouco de meditação sentada antes e depois dessa prática.

40

Pensar grande

Para cultivar a equanimidade, praticamos nos flagrar quando sentimos atração ou aversão antes que isso se enrijeça em fixação ou negatividade. Treinamos ficar no ponto sensível e usar nossos preconceitos como trampolim para nos conectar com a confusão dos outros. As emoções fortes são úteis nesse aspecto. Tudo que aparecer, não importa quão desagradável seja, pode ser usado para estender nossa afinidade com os que sofrem o mesmo tipo de agressividade ou apego – e, como nós, são seduzidos pela esperança e pelo medo. É assim que passamos a perceber que estamos todos no mesmo barco. Todos precisamos desesperadamente ter uma compreensão melhor do que leva à felicidade e do que leva à dor.

Mesmo depois de anos de prática, é fácil nos enrijecermos numa posição de raiva e indignação. No entanto, se conseguirmos fazer contato com a vulnerabilidade e a crueza do ressentimento, da raiva ou do que for, uma perspectiva mais ampla pode surgir. Se escolhermos ficar com a energia em vez de agir a partir dela ou reprimi-la, treinamos a equanimidade, pensar para além do certo e do errado. É assim que as quatro qualidades ilimitadas – amor, compaixão, alegria e equanimidade – evoluem: treinamos flagrar a mente se enrijecendo em visões fixas e fazemos o possível para nos suavizar. Com a suavização, as barreiras caem.

41

Esteja onde você está

Você pode cultivar as quatro qualidades ilimitadas de amor, compaixão, alegria e equanimidade aprendendo a relaxar onde está. Não há problema algum em estar onde você está neste momento. Mesmo que só sinta bondade amorosa e compaixão por um único ser senciente, esse é um bom lugar para começar. Simplesmente reconhecer, respeitar e apreciar essa afeição já são maneiras de estimular seu crescimento. Podemos estar onde estamos e, ao mesmo tempo, deixar totalmente aberta a possibilidade de, no decorrer da vida, conseguirmos nos expandir para muito além de onde estamos agora.

A expansão nunca acontece pela ganância, à força ou pela luta. Ela acontece por um tipo de combinação entre aprender a relaxar onde você já está e, ao mesmo tempo, manter aberta a possibilidade de que a sua capacidade, a minha capacidade, a capacidade de todos os seres sejam ilimitadas. À medida que continuamos a relaxar onde estamos, nossa abertura se expande. Esse é o potencial do ser humano. Essa é a dádiva do nascimento humano. Quando dizemos "Que eu encontre a felicidade", "Que eu seja livre do sofrimento" ou "Que qualquer indivíduo encontre felicidade e seja livre do sofrimento", estamos dizendo que esse é o potencial do ser humano de expandir nossa capacidade de nos abrirmos e nos importarmos ilimitadamente. Começa quando sentimos amor ou compaixão por um único ser. E pode se expandir para incluir mais e mais seres até chegar à plena capacidade humana de conexão por amor e compaixão, que é o calor fluindo livremente sem limites – energia dinâmica, viva e conectada, sem ponto de referência. Este é nosso potencial humano: nos conectar com o verdadeiro estado das coisas. Tudo começa com estar onde estamos.

42

Tonglen e destemor

Nos ensinamentos budistas, nos ensinamentos de Shambhala e em qualquer tradição que nos ensine a viver bem, somos incentivados a cultivar o destemor. Como fazer isso? Sem dúvida, a prática da meditação sentada é um caminho, porque com ela passamos a nos conhecer completamente e com muita delicadeza. A prática de tonglen (enviar e tomar) também ajuda a cultivar o destemor. Ao fazer essa prática por algum tempo, você começa a perceber que o medo está ligado à vontade de proteger o coração; você sente que algo vai machucá-lo e, portanto, o protege.

Depois de fazer tonglen pela primeira vez, me espantei ao ver que vinha usando sutilmente a meditação sentada para evitar me machucar, evitar a depressão, o desânimo ou qualquer tipo de sentimento ruim. Sem saber, eu tinha a esperança secreta de que, se praticasse, não precisaria mais sentir dor alguma. Quando fazemos tonglen, convidamos a dor a entrar. É preciso coragem para fazer essa prática, e o interessante é que ela também nos dá muita coragem, porque deixamos que penetre em nossa armadura. Ela nos deixa menos sobrecarregados e menos apertados. É uma prática que nos mostra como amar sem condições.

A negatividade e o ressentimento ocorrem porque estamos tentando cobrir o ponto sensível da boditchita. Na verdade, é *porque* somos sensíveis e profundamente comovidos que criamos todos esses escudos. É por termos esse genuíno coração da tristeza, para começo de conversa, que começamos a criar todos esses escudos. Na prática de tonglen, nos dispomos a começar a expor essa parte mais sensível de nós mesmos.

43

Tonglen: a chave para percebermos a interconexão

Em geral, as pessoas adoram os ensinamentos, mas, na hora do tonglen, dizem: "Ah, parecia interessante, mas não me dei conta de que você estava falando sério." Em sua essência, essa prática é assim: se uma coisa for dolorosa ou indesejável, você a inspira para dentro. Em outras palavras, você não resiste. Você se entrega a si mesmo, reconhece quem você é, honra a si mesmo. Quando emoções e sentimentos indesejados surgem, você realmente os inspira e se conecta com o que todos os seres humanos sentem. Todos sabemos o que é sentir dor em suas muitas formas.

Você inspira por si mesmo, no sentido de que a dor é uma experiência real e pessoal, mas, ao mesmo tempo, não há dúvida de que você está desenvolvendo sua afinidade com todos os seres. Se for capaz de conhecê-la em si, você conseguirá conhecê-la em todos. Se estiver numa fúria de ciúmes e tiver coragem de inspirá--lo para dentro em vez de culpar outra pessoa, a flecha que sentir em seu coração lhe dirá que há pessoas no mundo inteiro sentindo exatamente o que você está sentindo. Essa prática atravessa diferentes culturas, condições econômicas e intelectuais, etnias, religiões. Em todo lugar, as pessoas sentem dor – ciúme, raiva, a sensação de ser excluído, solidão. Todos sentem tudo isso do mesmo jeito doloroso que você. As histórias variam, mas o sentimento subjacente é o mesmo em todos nós.

Do mesmo modo, quando você tem alguma sensação de prazer – quando se conecta com o que lhe traz inspiração, o que lhe traz abertura, alívio, relaxamento –, você a expira para fora, a oferece, a envia para todo mundo. Mais uma vez, é um processo muito pessoal. Começa com o *seu* sentimento de prazer, o *seu* sentimento de se conectar com uma perspectiva mais ampla, o *seu* sentimento de alívio ou relaxamento. Quando se dispõe a soltar a história, você sente exatamente o que todos os outros seres humanos sentem. É algo compartilhado por todos nós. Dessa maneira, se fizermos a prática de forma pessoal e genuína, ela despertará nossa afinidade com todos os seres.

44

OS QUATRO ESTÁGIOS DO TONGLEN

Você pode praticar tonglen formalmente numa sessão de meditação sentada. Por exemplo, se ficar uma hora sentado, pode praticar tonglen nos vinte minutos do meio. A prática tem quatro estágios:

1. Descanse a mente por algum tempo num estado de abertura ou quietude. Isso se chama vislumbrar a boditchita absoluta, ou abrir-se subitamente para a espaciosidade e a clareza básica do coração desperto.

2. Trabalhe com a textura. Inspire um sentimento quente, escuro e pesado – uma sensação de claustrofobia – e expire um sentimento tranquilo, claro e leve – uma sensação de frescor. Inspire por todos os poros do corpo e irradie completamente por todos os poros do corpo. Faça isso até sua visualização se sincronizar com suas inspirações e expirações.

3. Agora contemple qualquer situação dolorosa que seja real para você. Por exemplo, você pode inspirar o sentimento quente, escuro e contraído da tristeza que sente e expirar uma sensação leve e fresca de alegria, espaço ou o que possa lhe oferecer alívio.

4. Amplie o círculo da compaixão conectando-se com todos aqueles que sentem esse tipo de dor e estendendo o desejo de ajudá-los.

45

COMECE ONDE VOCÊ ESTÁ

O que estamos trabalhando na prática básica de meditação – e, mais explicitamente, na prática de tonglen – é o caminho do meio entre agir a partir da emoção e reprimi-la. Aprendemos a ver nossos pensamentos de ódio, luxúria, pobreza, repulsa, quaisquer que sejam. Aprendemos a identificá-los como "pensando", soltá-los e começar a entrar em contato com a textura da energia que está por baixo deles. Começamos gradualmente a perceber como é profundo apenas soltar esses pensamentos, não rejeitá-los, não reprimi-los. Descobrimos como permanecer sentados e sentir completamente o que há por baixo das histórias de apego, aversão, ciúme, de nos sentirmos péssimos em relação a nós mesmos, por baixo de todo esse desalento e desespero. Podemos começar a sentir a energia de nosso coração, nosso corpo, nosso pescoço, nossa cabeça, nossa barriga – o que está por baixo das histórias que contamos. Descobrimos que há algo extremamente delicado, que se chama boditchita. Se conseguirmos nos relacionar diretamente com isso, então todo o resto é nossa riqueza.

No pós-meditação, quando surgem os venenos da paixão, da agressividade ou da ignorância, a instrução é soltar a história. Em vez de agir a partir da emoção ou reprimi-la, usamos o veneno como oportunidade de sentir nosso coração, de sentir a ferida e nos conectar com os outros que sofrem da mesma maneira. Podemos usar o veneno como oportunidade de entrar em contato com a boditchita. Dessa maneira, o veneno já é o remédio. Quando não agimos a partir da emoção nem a reprimimos, nossa paixão, nossa agressividade e nossa ignorância se tornam nossa riqueza. Não precisamos transformar nada. Basta soltar a história, o que não é tão fácil assim. Esse toque suave – de reconhecer o que estamos pensando e soltar – é a chave para entrar em contato com a riqueza da boditchita. Com todas as complicações, por maiores que sejam, simplesmente comece onde você está – não amanhã, não depois, não ontem, quando você se sentia melhor, mas agora. Comece agora, exatamente como você está.

46

Conhecendo o medo

Não podemos estar no momento presente e remoer nossas histórias ao mesmo tempo. Experimente por si mesmo e observe como isso muda você. A impermanência se torna vívida no momento presente. O mesmo acontece com a compaixão, o encantamento e a coragem. E também com o medo. Na verdade, qualquer um que fique à beira do desconhecido, inteiramente no presente e sem ponto de referência, experimenta a ausência de chão. É aí que nossa compreensão se aprofunda, quando descobrimos que o momento presente é um lugar bastante vulnerável, e essa experiência pode ser ao mesmo tempo completamente desconcertante e completamente acolhedora.

Estamos falando de conhecer o medo, de familiarizar-se com ele, olhá-lo bem nos olhos – não como um modo de resolver problemas, mas como um desfazer completo das nossas antigas maneiras de ver, ouvir, cheirar, saborear e pensar. A verdade é que, quando realmente começarmos a fazer isso, ficaremos cada vez mais humildes. O medo é uma reação natural de nos aproximarmos da verdade. Se nos comprometemos a ficar exatamente onde estamos, nossa experiência se torna muito vívida. As coisas ficam muito claras quando não há para onde fugir.

47

Reconheça o sofrimento

Decepção, vergonha e todos os lugares onde não conseguimos nos sentir bem são um tipo de morte. Acabamos de perder totalmente o chão; somos incapazes de manter a calma e sentir que estamos no controle das coisas. Em vez de perceber que a morte é necessária para haver nascimento, apenas lutamos contra o medo da morte.

Chegar ao nosso limite não é um tipo de punição. Na verdade, é um sinal de saúde ficar amedrontados e tremendo ao encontrarmos o lugar onde estamos prestes a morrer. Mas geralmente não tomamos isso como uma mensagem de que é hora de parar de lutar e olhar diretamente para o que está nos ameaçando. Coisas como decepção e ansiedade são recados nos dizendo que estamos prestes a entrar em território desconhecido.

Quando obtemos o que não queremos, quando não obtemos o que queremos, quando ficamos doentes, quando envelhecemos, quando estamos morrendo – quando vemos qualquer uma dessas coisas na nossa vida –, podemos reconhecer o sofrimento como sofrimento. Então podemos ficar curiosos, notar e estar atentos às nossas reações. Nosso sofrimento é muito enraizado em nosso medo da impermanência. Nossa dor é muito enraizada em nossa visão distorcida da realidade. De onde tiraram essa ideia de que poderíamos ter prazer sem dor? Ela é bastante disseminada neste mundo e acreditamos nela. Mas a dor e o prazer andam juntos, são inseparáveis. Podem ser celebrados. São comuns. O nascimento é doloroso e delicioso. A morte é dolorosa e deliciosa. Tudo que termina também é o começo de outra coisa. A dor não é uma punição; o prazer não é uma recompensa.

48

Máxima: "Mude sua atitude, mas permaneça natural"

A mudança de atitude fundamental é inspirar o indesejável e expirar o desejável. Em contraste, a atitude epidêmica no planeta é rechaçar o que é doloroso e se agarrar com força ao que é agradável.

A base fundamental da ação compassiva é a importância de *trabalhar com* em vez de *lutar contra*. Ou seja, trabalhar com suas próprias coisas indesejadas e inaceitáveis. Então, quando o inaceitável e o indesejado aparecerem *lá fora*, você se relacionará com eles a partir da bondade amorosa que praticou consigo mesmo. Essa abordagem não dualista é fiel ao coração, porque se baseia na afinidade que temos uns com os outros. Sabemos o que dizer sem condescendência a alguém que esteja sofrendo porque já experimentamos o fechamento, o isolamento, a raiva, a mágoa, a rebeldia e criamos uma relação com essas coisas dentro de nós.

Essa mudança de atitude acontece aos poucos, não da noite para o dia. Se aspirarmos a parar de resistir às partes que achamos inaceitáveis em nós e começarmos a inspirá-las, ganharemos mais espaço. Passaremos a conhecer cada parte nossa, sem mais nenhum monstro no armário, nenhum demônio na caverna. Teremos a sensação de acender a luz e nos olharmos com honestidade e compaixão. Esta é a mudança de atitude fundamental: trabalhar com a dor e o prazer de um modo revolucionário e corajoso.

49

Bondade amorosa e tonglen

As coisas que nos tiram do sério têm uma energia enorme. É por isso que as tememos. Por exemplo, você é tímido; tem medo de olhar as pessoas nos olhos. É preciso muita energia para viver assim. É o modo como você segura as pontas. Na prática de tonglen, você tem a oportunidade de assumir esse padrão completamente, sem culpar ninguém, e de ventilá-lo com a expiração. Então será capaz de entender melhor que, quando os outros estão carrancudos, talvez não seja porque odeiam você, mas porque são tímidos também. Dessa maneira, o tonglen é uma prática de fazer amizade consigo mesmo, assim como uma prática de compaixão pelos outros.

Com a prática de tonglen, você desenvolve a solidariedade pelos outros. Começa a entendê-los melhor. Sua própria dor é como um trampolim que torna seu coração maior. Começa com a criação de um espaço para se relacionar diretamente com um sofrimento específico – seu ou de outra pessoa. Você expande a prática para entender que o sofrimento é universal, compartilhado por todos nós.

Não façamos tonglen de forma condescendente pelo outro que está *tão* confuso. Lembre-se: nessa prática, a compaixão começa a vir à tona porque estivemos na pele do outro. Sentimos raiva, inveja, solidão. Fazemos coisas estranhas quando sentimos dor. Por estarmos solitários, dizemos palavras cruéis; por querermos que alguém nos ame, o insultamos. Trocar o eu por outro, ou tonglen, começa quando conseguimos ver onde alguém está porque já estivemos lá. Não acontece porque somos melhores do que o outro, mas porque os seres humanos têm as mesmas coisas em comum. Quanto mais conhecemos as nossas, mais vamos entender as dos outros.

50

Máxima: "Se puder praticar mesmo quando distraído, você estará bem treinado"

Quando o chão some de baixo dos nossos pés, podemos de repente recordar a máxima "Se puder praticar mesmo quando distraído, você estará bem treinado". Se conseguirmos praticar quando estivermos com ciúme, ressentidos, desdenhosos, nos odiando, então estaremos bem treinados. A prática consiste em parar de fortalecer os padrões habituais que nos mantêm presos; fazer o possível para sacudir a poeira e arejar nossa tendência a nos justificar e a culpar. Fazemos de tudo para ficar com a energia forte, sem agir a partir dela nem reprimi-la. Assim, nossos hábitos se tornam mais porosos.

É claro que nossos padrões estão bem estabelecidos, são sedutores e reconfortantes. Não basta apenas desejar arejá-los. A atenção plena e a consciência são essenciais. Vemos as histórias que contamos a nós mesmos e questionamos sua validade? Ao sermos distraídos por uma emoção forte, nos lembramos de que isso faz parte do nosso caminho? Conseguimos sentir a emoção e inspirá-la em nosso coração, por nós mesmos e por todo mundo? Se conseguimos nos lembrar de experimentar assim, mesmo que só de vez em quando, estamos treinando como guerreiros. E se não conseguimos praticar quando distraídos, mas *sabemos* que não conseguimos, ainda assim estamos treinando bem. Nunca subestime o poder de reconhecer com compaixão o que está acontecendo.

51

Aprofundando o tonglen

No tonglen, depois de se conectar genuinamente com a dor e com sua capacidade de se abrir e soltar, dê um passo além na prática e faça o mesmo por todos os seres sencientes. Esse é um ponto fundamental do tonglen: sua própria experiência de prazer e dor se torna seu modo de reconhecer seu parentesco com todos os seres sencientes. Praticar tonglen é a maneira de compartilhar a alegria e a tristeza de todos os que já viveram, todos os que estão vivos agora e todos os que virão a viver.

Todo desconforto que você sente se torna útil. "Estou infeliz, estou deprimido. Tudo bem. Que eu sinta isso plenamente para que ninguém mais tenha que sentir, para que os outros estejam livres disso." Assim seu coração começa a despertar, porque você tem a aspiração de dizer: "Essa dor pode ser benéfica para os outros porque posso ter coragem suficiente para senti-la plenamente, de modo que ninguém mais tenha que senti-la." A alegria que você sente, a sensação de ser capaz de se abrir e soltar, também se torna um modo de se conectar com os outros. Ao expirar, você diz: "Que eu possa dar tudo de bom ou verdadeiro que já senti, todo senso de humor, toda a apreciação ao ver o sol nascendo e se pondo, todos os deleites do mundo, para que todos compartilhem e sintam isso também."

Se nos dispusermos, mesmo que um segundo por dia, a fazer a aspiração de usar nossa própria dor e nosso próprio prazer para ajudar os outros, na verdade seremos capazes disso e muito mais. Podemos praticar isso em qualquer situação. Comece com você mesmo. É possível estender essa prática a situações em que a compaixão surge espontaneamente, trocando de lugar com alguém que você queira ajudar. Depois você passa para uma área um pouquinho mais difícil, na qual a compaixão não é necessariamente sua primeira resposta.

52

O BARCO VAZIO

Uma história zen conta que um homem está tranquilamente em um rio, ao entardecer. Ele vê outro barco se aproximar. De início, parece-lhe muito bom que alguém mais esteja aproveitando o rio em um belo fim de tarde de verão. Então ele percebe que o barco vem direto contra ele, cada vez mais veloz. O homem começa a ficar nervoso e grita: "Ei! Ei! Cuidado! Por favor, desvie!" Mas o barco vem cada vez mais rápido, bem na sua direção. A essa altura, ele já está em pé, gritando e sacudindo os braços. Quando o barco se espatifa contra o dele, o homem percebe que está vazio.

    Essa é uma história clássica para as situações da vida de modo geral. Há muitos barcos vazios passando por aí – situações imprevisíveis nas quais levamos um susto, não encontramos alguém para culpar e por alguns segundos ficamos abertos, sem reação. Ainda assim nós estamos sempre gritando e sacudindo os braços para eles. Em vez disso, podemos permitir que eles parem nossa mente. Mesmo que isso aconteça somente por um décimo de segundo, já será possível repousar nesse pequeno intervalo. Quando começamos com nossas histórias, usamos a prática do tonglen que nos ensina a trocar de lugar com o outro. Desse modo, tudo que encontrarmos terá o potencial de nos ajudar a cultivar a compaixão e entrar em contato com a qualidade espaçosa e aberta de nossa mente.

53

OS TRÊS VENENOS

Nos ensinamentos budistas, complicações emocionais são chamadas de *klesha*, que significa veneno. Há três venenos principais: paixão, agressividade e ignorância. Podemos falar deles de outras maneiras – por exemplo, também poderíamos chamá-los de apego, aversão e total indiferença. Todo tipo de vício encaixa-se na categoria do apego, que significa querer, querer, querer – sentir que precisamos de algum tipo de solução. A aversão engloba a violência, a fúria, o ódio e todo tipo de negatividade, assim como a irritação comum. E a ignorância? Hoje em dia, geralmente é chamada de negação.

Os três venenos sempre capturam você, de um jeito ou de outro, aprisionando-o numa armadilha e tornando seu mundo muito pequeno. Quando sente apego, você pode estar sentado à beira do Grand Canyon, mas só conseguirá ver aquele pedaço de bolo de chocolate que deseja tanto. Na aversão, você está sentado à beira do Grand Canyon, mas só consegue ouvir as palavras de raiva que disse a alguém dez anos antes. Já na ignorância, você está sentado à beira do Grand Canyon com um saco de papel enfiado na cabeça. Cada um dos três venenos tem o poder de capturá-lo tão completamente que você nem percebe o que está à sua frente.

A instrução essencial é: não importa o que você faça, nunca

tente se livrar dos venenos. Ao tentar fazer isso, você perde sua riqueza junto da sua neurose. A ironia é que o que mais queremos evitar em nossa vida é fundamental para despertar a boditchita. É nesses pontos emocionais suculentos que o guerreiro conquista sabedoria e compaixão. É claro que queremos sair desses pontos com muito mais frequência do que queremos ficar neles. Por isso a autocompaixão e a coragem são fundamentais. Sem bondade amorosa, ficar com a dor é apenas guerra.

54

Tonglen na hora H

Praticar tonglen no decorrer do dia pode parecer mais natural do que na almofada. Por um lado, nunca falta assunto. A prática na vida cotidiana nunca é abstrata. Assim que as emoções desconfortáveis vêm à tona, nos treinamos para inspirá-las e largar a história. Ao mesmo tempo, estendemos nossos pensamentos de cuidado a outras pessoas que sentem o mesmo desconforto, e inspiramos com o desejo de que todos nós possamos estar livres desse tipo específico de confusão. Em seguida, quando expiramos, enviamos a nós e aos outros o tipo de alívio que achamos que poderia ajudar. Também praticamos assim quando encontramos animais e pessoas que sentem dor. Podemos experimentar fazer isso sempre que situações e pensamentos difíceis vierem à tona. Com o tempo, ficará mais automático.

Também é útil notar as coisas na vida cotidiana que nos trazem felicidade. Assim que tomamos consciência delas, podemos pensar em enviá-las aos outros, cultivando ainda mais a atitude tonglen.

Como guerreiros-bodisatvas, quanto mais treinamos o cultivo dessa atitude, mais desvendamos nossa capacidade de alegria e equanimidade. Graças a nossa coragem e nossa disposição de trabalhar com a prática, somos mais capazes de experimentar a bondade fundamental em nós e nos outros. Somos mais capazes de apreciar o potencial de todos os tipos de pessoas: as que achamos agradáveis, as que achamos desagradáveis e as que nem conhecemos. Assim, o tonglen começa a arejar nossos preconceitos e nos apresenta um mundo mais terno, de mente mais aberta.

55

Comece onde você está
(de novo e de novo)

Comece onde você está. Isso é muito importante. A prática de tonglen (e qualquer prática de meditação) não se refere a mais tarde, ao momento em que vamos compreender tudo e nos tornar alguém que realmente mereça respeito. Você pode ser a pessoa mais violenta do mundo – esse é um bom ponto para começar. É um ponto de partida muito rico, cheio de sabores e cheiros. Você pode ser a pessoa mais deprimida, a mais viciada, a mais invejosa. Pode achar que ninguém no planeta se odeia tanto. Todos esses são bons pontos de partida. Exatamente onde você está – é daí que deve começar.

O que fazemos por nós – qualquer gesto de bondade, de gentileza, qualquer traço de honestidade e de clareza na forma como nos vemos – afeta a forma como experimentamos o mundo. O que fazemos por nós estamos fazendo pelos outros, e o que fazemos pelos outros estamos fazendo por nós mesmos. Quando nos colocamos no lugar do outro, durante a prática de tonglen, torna-se cada vez mais difícil separar o que está lá fora e o que está aqui dentro de nós.

56

Experimente a sua vida

Uma mulher está fugindo de alguns tigres. Não importa quanto ela corra, os tigres se aproximam cada vez mais. Quando ela chega à beira de um penhasco, avista alguns arbustos e galhos, então desce e se agarra a um deles. Ao olhar para baixo, vê que também há tigres lá. Então percebe que um rato está roendo o galho ao qual ela se agarrou. Também enxerga um belo punhadinho de morangos perto dela, subindo pelo tronco da árvore. Ela olha para cima e para baixo. Olha para o rato. Então pega um morango, coloca-o na boca e o degusta plenamente.

Tigres em cima, tigres embaixo. É nessa enrascada que sempre nos encontramos. Nascemos e, mais cedo ou mais tarde, morremos. Cada momento é exatamente o que é. O ressentimento, a amargura e o rancor nos impedem de ver, ouvir, saborear e apreciar. Este pode ser o único momento da nossa vida, pode ser o único morango que haveremos de comer. Podemos ficar deprimidos com isso ou, enfim, apreciar e nos deliciarmos com a preciosidade de cada momento da vida.

57

Veja o que é

Agarrar-se a crenças restringe nossa experiência da vida. Isso não significa que crenças, opiniões ou ideias sejam um problema. É a atitude teimosa de querer fazer com que as coisas sejam de determinado jeito, agarrando-nos a nossas crenças e opiniões, que causa os problemas. Usar nosso sistema de crenças dessa maneira cria uma situação em que escolhemos ser ignorantes, e não capazes de ver; estar mortos, e não vivos; estar adormecidos, e não acordados.

Como pessoas que querem ter uma vida boa, plena, irrestrita, aventureira e real, há uma instrução concreta que podemos seguir: veja o que é. Quando flagrar a si mesmo agarrando-se a crenças ou pensamentos, apenas veja o que é. Sem chamar sua crença de certa ou errada, reconheça-a. Veja-a com clareza, sem julgamento, e a solte. Retorne ao momento presente. A partir de agora até o momento de sua morte, você pode fazer isso.

58

O Buda

Quando decidem se tornar budistas, as pessoas participam de uma cerimônia oficial em que tomam refúgio nas três joias – o Buda, o darma e a sanga. Sempre achei que soa teísta, dualista e dependente "tomar refúgio" em alguma coisa. No entanto, a ideia fundamental de tomar refúgio é que, entre o nascimento e a morte, estamos sozinhos. Portanto, tomar refúgio nas três joias não significa encontrar consolo nelas. Na verdade, essa é uma expressão básica de nossa aspiração a pular fora do ninho, estejamos ou não prontos para isso, a passar pelos ritos de puberdade e nos tornarmos adultos sem ter nenhuma mão para segurar. Tomar refúgio é o modo pelo qual começamos a cultivar a abertura e o bom coração que nos permitem ser cada vez menos dependentes.

O Buda é o desperto, e nós também somos budas. Somos o desperto – aquele que continuamente se atira, que continuamente se abre, que continuamente avança. Ser um buda não é fácil. É acompanhado de medo, indignação e dúvida. Mas é aprendendo a nos atirarmos no espaço aberto com nosso medo, nossa indignação e nossa dúvida que nos tornamos plenamente seres humanos. Segundo os ensinamentos de Shambhala, não há separação entre samsara e nirvana, entre a tristeza e a dor do sol poente e a visão e o poder do Sol do Grande Leste. É possível guardar ambos no coração – e esse, na verdade, é o propósito da prática.

Tomar refúgio no Buda significa que estamos dispostos a passar a vida nos reconectando com a qualidade de estarmos continuamente despertos. Toda vez que sentimos vontade de tomar refúgio numa das nossas válvulas de escape habituais, tiramos mais uma parte da armadura, desfazemos tudo o que recobre nossa sabedoria, nossa gentileza e nossa qualidade de estarmos despertos. Não estamos tentando ser algo que não somos; em vez disso, estamos nos reconectando com quem somos. Portanto, quando dizemos "eu tomo refúgio no Buda", isso significa que tomo refúgio na coragem e no potencial do destemor, de remover toda a armadura que recobre esse meu despertar. Estou desperta, passarei a vida inteira tirando essa armadura. Ninguém mais pode tirá-la, porque ninguém mais sabe onde estão todas as pequenas fechaduras, ninguém mais sabe onde ela está costurada bem apertada, onde será preciso muito trabalho para desamarrar aquele fio de ferro específico. Você tem que fazer isso sozinho. A instrução básica é simples: comece a tirar essa armadura. Isso é tudo o que podem lhe dizer. Ninguém pode lhe dizer como fazer isso, porque você é o único que sabe como se trancou aí.

59

AGORA

Era uma vez uma dama arrogante e orgulhosa. Decidida a alcançar a iluminação, ela perguntou a todas as autoridades como fazer isso. Disseram-lhe: "Bom, se escalar aquela montanha altíssima, encontrará uma caverna lá em cima. Dentro dela há uma idosa sábia. Ela lhe dirá."

Depois de suportar grandes dificuldades, a dama finalmente encontrou a caverna. Realmente, lá estava sentada uma idosa gentil, de aparência espiritualizada, vestindo trajes brancos, que sorria beatificamente. Cheia de reverência e respeito, a dama se prostrou aos pés dessa mulher e disse: "Quero alcançar a iluminação. Mostre-me como." A mulher sábia a olhou e perguntou docemente: "Tem certeza de que quer alcançar a iluminação?" Ao que a dama respondeu: "É claro que tenho certeza." Nisso, a mulher sorridente se transformou num demônio, se levantou e, brandindo uma grande vara, começou a persegui-la dizendo: "Agora! Agora! Agora!" Pelo resto da vida, aquela dama nunca mais se livrou do demônio que sempre dizia: "Agora!"

Agora – esta é a chave. A atenção plena nos treina a estar vivos e despertos, plenamente curiosos sobre o *agora*. A expiração é *agora*, a inspiração é *agora*, despertar de nossas fantasias é *agora* e até as fantasias são *agora*. Quanto mais você consegue estar plenamente *agora*, mais percebe que está sempre em meio a um círculo sagrado. Não é coisa pouca, quer você esteja escovando os dentes, esfriando a comida ou limpando o traseiro. O que quer que esteja fazendo, você está fazendo agora.

60

O CORAÇÃO DA VIDA COTIDIANA

O Buda disse que nunca estamos separados da iluminação. Mesmo nas ocasiões em que nos sentimos mais perdidos, nunca nos alienamos do estado desperto. Essa é uma afirmação revolucionária. Até as pessoas comuns, como nós, com problemas e confusão, têm a mente da iluminação chamada boditchita. Uma analogia da boditchita é a crueza de um coração partido. Esse é nosso vínculo com todos os que já amaram. Esse genuíno coração de tristeza pode nos ensinar grande compaixão. Pode nos tornar humildes quando formos arrogantes e nos suavizar quando formos maldosos. Ele nos desperta quando preferimos dormir e perfura a nossa indiferença. Essa dor contínua do coração partido e aberto é uma bênção que, quando plenamente aceita, pode ser compartilhada com todos.

A abertura e o calor da boditchita são, na verdade, nossa verdadeira condição e natureza. Mesmo quando nossas neuroses parecem muito mais reais do que nossa sabedoria, mesmo quando nos sentimos confusos e sem esperanças, a boditchita – assim como o céu – está sempre presente, inalterada pelas nuvens que a escondem temporariamente.

A boditchita está disponível nos momentos em que cuidamos das coisas, quando limpamos os óculos ou penteamos o cabelo.

Está presente nos momentos de apreciação – quando percebemos o azul do céu ou interrompemos o que estamos fazendo para escutar a chuva. Está disponível nos instantes de gratidão – quando nos lembramos da bondade ou reconhecemos a coragem de alguém. Está na música e na dança, na arte e na poesia. Sempre que deixamos de nos fixar em nós mesmos e olhamos o mundo ao redor, quando entramos em contato com a tristeza e a alegria, nos momentos em que soltamos nossas mágoas e queixas, a boditchita está aqui.

61

AMPLIANDO O CÍRCULO DA COMPAIXÃO

É ousado não fechar nosso coração a ninguém nem tornar ninguém um inimigo. Se começarmos a viver assim, não conseguiremos mais definir alguém como completamente certo nem completamente errado. A vida é mais escorregadia e brincalhona do que isso. Tentar encontrar certos e errados absolutos é um modo de nos enganarmos para nos sentirmos seguros e confortáveis.

A ação compassiva, estar disponível para os outros, ser capaz de agir e falar de um jeito que comunique, começa com observar quando passamos a nos identificar como certos ou errados. Nesse ponto específico, podemos apenas contemplar que há uma alternativa aos dois, que é boditchita. Esse lugar terno e instável, se pudermos tocá-lo, nos ajudará a treinar nos abrir ainda mais ao que sentimos, nos abrir ainda mais em vez de nos fechar. Descobriremos que, quando começarmos a nos comprometer com a prática de tonglen, quando começarmos a celebrar aspectos nossos que achávamos tão impossíveis antes, algo mudará permanentemente dentro de nós. Nossos antigos padrões habituais começarão a se suavizar e começaremos a ver o rosto e ouvir as palavras das pessoas que falam conosco. Quando aprendemos a ter compaixão por nós mesmos, o círculo da compaixão – as coisas e as pessoas com as quais conseguimos trabalhar, e a forma como o fazemos – se expande.

62

Inconveniência

Ao iniciar a jornada do guerreiro, você descobrirá que, muitas vezes, ela é um tanto inconveniente. Quando começa a querer viver sua vida plenamente em vez de optar pela morte, você descobre que a vida em si é inconveniente. A sinceridade é uma dádiva preciosa, mas ninguém pode dá-la a você. É preciso encontrar o caminho que tem coração e depois percorrê-lo de forma impecável. Ao fazer isso, você encontra várias vezes a inconveniência de sua própria rigidez, de suas próprias dores de cabeça, de cair de cara no chão. Mas, ao praticar e seguir o caminho com sinceridade, essa inconveniência não é um obstáculo. É simplesmente uma certa textura da vida, uma certa energia da vida.

Além disso, às vezes, quando começa a voar e tudo flui muito bem, você pensa "É isso aí, este é o caminho que tem coração", e de repente cai de cara no chão. Todo mundo está olhando. Você diz a si mesmo: "O que aconteceu com aquele caminho que tinha coração? Este mais parece o caminho da lama na cara." Como você está sinceramente comprometido com a jornada do guerreiro, isso o espeta, o cutuca. É como alguém rindo em seu ouvido, desafiando você a descobrir o que fazer quando não souber o que fazer. Isso o torna humilde. Abre seu coração.

63

Ampliando ainda mais o círculo

Como haverá menos agressividade no planeta, não mais? Traga essa pergunta para o nível pessoal: Como aprender a me comunicar com alguém que está me machucando ou machucando outros? Como me comunicar para que o espaço se abra e nós dois comecemos a nos tocar em algum tipo de inteligência básica que todos compartilhamos? Como me comunicar de forma que as coisas que parecem congeladas, impraticáveis e eternamente agressivas comecem a se suavizar e algum tipo de troca compassiva possa acontecer?

Comece dispondo-se a sentir as coisas pelas quais está passando. Esteja disposto a ter uma relação compassiva com as partes de si mesmo que você sente que não merecem existir. Se estiver disposto, pela meditação, a estar consciente não só do que é confortável, mas também da sensação da dor, se ao menos *aspirar* a estar desperto e aberto ao que estiver sentindo, a reconhecer e admitir tudo isso da melhor forma possível em cada momento, então algo começará a mudar.

64

O QUE É CARMA?

Carma é um tema difícil. Basicamente, significa que o que acontece na sua vida é, de certo modo, o resultado das coisas que você fez antes. Por isso você é encorajado a trabalhar com o que lhe acontece, em vez de jogar a culpa nos outros. É fácil entender esse tipo de ensinamento sobre carma de maneira equivocada. As pessoas entram numa viagem pesada de culpa e pecado. Sentem que, se algo deu errado, é porque fizeram coisas más e estão sendo punidas. Mas a ideia não é essa, de jeito nenhum. A ideia de carma é que você recebe continuamente os ensinamentos de que precisa para abrir seu coração. Na medida em que não entendia, no passado, como parar de proteger seu ponto sensível, como parar de pôr armaduras em seu coração, você recebe agora a dádiva dos ensinamentos na forma da sua vida. Sua vida lhe dá tudo de que você precisa para aprender a se abrir ainda mais.

65

Crescendo

Aprender a sermos bondosos com nós mesmos é importante. Quando olhamos para o nosso próprio coração e começamos a descobrir o que é confuso e o que é brilhante, o que é amargo e o que é doce, não é só a nós mesmos que estamos descobrindo. Estamos descobrindo o universo. Quando descobrimos o buda que somos, percebemos que tudo e todos são buda. Descobrimos que tudo está desperto e todos estão despertos. Tudo e todos são preciosos, íntegros e bons. Quando lidamos com os pensamentos e emoções com senso de humor e abertura, é assim que percebemos o universo.

Essa abertura para o mundo começa a beneficiar a nós e aos outros simultaneamente. Quanto mais nos identificamos com os outros, mais rapidamente descobrimos onde estamos bloqueados. Ver isso é útil, mas também é doloroso. Às vezes, usamos isso como munição contra nós mesmos: não somos bondosos, não somos honestos, não somos corajosos, podemos muito bem desistir agora mesmo. Mas, quando aplicamos a instrução de sermos suaves e isentos de julgamento com o que vemos neste exato momento, o reflexo constrangedor no espelho se torna nosso amigo. Nós nos suavizamos ainda mais e relaxamos mais, porque sabemos que essa é a única maneira de continuar trabalhando com os outros e criar algum benefício no mundo. Esse é o começo do crescimento.

66

Máxima: "Não espere aplauso"

Essa máxima significa: não espere agradecimentos. Isso é importante. Quando abre a porta e convida todos os seres sencientes a serem seus hóspedes – e também abre as janelas e até as paredes começam a desmoronar –, você se encontra no universo sem nenhuma proteção. Agora você vai ver o que é bom. Se acha que só por fazer isso se sentirá bem consigo mesmo e todos vão lhe agradecer... não, isso não vai acontecer. Mais do que esperar agradecimentos, seria útil apenas esperar o inesperado; então você pode estar curioso e inquisitivo com tudo que aparecer à sua porta. Começamos a abrir nosso coração aos outros quando não temos esperança de receber nada em troca. Fazemos como um fim em si mesmo.

Por outro lado, é bom expressar nossa gratidão aos outros. É útil expressar nossa apreciação pelos outros. Mas se fizermos isso com a intenção de que gostem de nós, podemos recordar essa máxima. Podemos agradecer aos outros, mas devemos abandonar toda esperança de receber agradecimentos em troca. Simplesmente deixe a porta aberta, sem expectativas.

67

Seis maneiras de viver compassivamente

Há seis atividades tradicionais que o bodisatva treina, seis maneiras de viver compassivamente: generosidade, disciplina, paciência, empenho alegre, meditação e prajna – sabedoria incondicional. Tradicionalmente, elas são chamadas de *paramitas*, uma palavra sânscrita que significa "atravessar para a outra margem". Cada uma delas é uma atividade que podemos usar para nos levar além da aversão e do apego, além da preocupação excessiva com nós mesmos, além da ilusão de separação. Cada paramita tem a capacidade de nos levar além do nosso medo de nos libertarmos. Por meio do treinamento nas paramitas, aprendemos a ficar confortáveis com a incerteza. Ir para a outra margem tem uma qualidade de ausência de chão, uma sensação de estar no meio, de ser apanhado no estado intermediário.

É fácil encarar as paramitas como um código de ética rígido, uma lista de regras. Mas o mundo do guerreiro-bodisatva não é assim tão simples. O poder dessas atividades não está em serem mandamentos, mas em desafiar nossas reações habituais. O treinamento nas paramitas nos torna humildes e nos mantém honestos. Quando praticamos a generosidade, nos tornamos íntimos de nosso apego. Ao praticar a disciplina de não causar sofrimento, vemos nossa rigidez e nosso desejo de controle. A prática da paciência nos ajuda a conviver com a inquietação de nossa energia e a deixar as coisas evoluírem conforme seu próprio ritmo. No empenho alegre, largamos nosso perfeccionismo e nos conectamos com a qualidade viva de cada momento. Com a meditação treinamos retornar para estar bem aqui. E a mente inquisitiva de prajna – ver as coisas exatamente como são – é a chave desse treinamento, porque sem prajnaparamita, ou boditchita incondicional, as outras cinco atividades podem ser usadas para nos dar a ilusão de terra firme.

68

Prajna

Prajna é a sabedoria que atravessa o sofrimento imenso que vem de buscar proteger nosso próprio território. Prajna torna impossível usarmos nossas ações como maneiras de ficarmos seguros. Prajna transforma todas as ações em ouro. É dito que as outras cinco atividades transcendentes – generosidade, disciplina, paciência, empenho e meditação – podem nos dar pontos de referência, mas prajna atravessa tudo isso. Prajna nos deixa sem lar; não temos lugar para nos prendermos em alguma coisa. Por isso podemos finalmente relaxar.

Às vezes, sentimos uma saudade tremenda de nossos antigos hábitos. Quando trabalhamos com a generosidade, vemos nossa nostalgia pela vontade de nos agarrar. Quando trabalhamos com a disciplina, vemos nossa nostalgia por querermos nos distrair e não nos relacionarmos de modo algum. Quando trabalhamos com a paciência, descobrimos nosso gosto pela velocidade. Quando praticamos o empenho, descobrimos a nossa preguiça. Com a meditação, vemos nossa discursividade interminável, nossa inquietação e nossa atitude de "não dou a mínima".

Com prajna, essas outras cinco ações ou paramitas se tornam o meio de eliminarmos nossas defesas. Toda vez que doamos, toda vez que praticamos a disciplina, a paciência ou o empenho, é como soltar um fardo pesado. A fundação de prajnaparamita é a atenção plena, uma investigação aberta da nossa experiência. Questionamos sem a intenção de encontrar soluções permanentes. Cultivamos uma mente alerta e inquisitiva, que não se satisfaz com visões limitadas ou parciais. É com essa mente livre de fixações de prajna que praticamos as outras paramitas, passando da mente estreita à flexibilidade e ao destemor.

69

Generosidade

A essência da generosidade é soltar o apego. A dor é sempre um sinal de que estamos nos agarrando a algo – normalmente a nós mesmos. Quando nos sentimos infelizes, inadequados, nos tornamos mesquinhos e seguramos com força. A generosidade é uma atividade que nos solta. Ao oferecer aquilo que podemos – uma moeda, uma flor, uma palavra de encorajamento –, estamos praticando o desprendimento.

Há muitas maneiras de praticar a generosidade. O principal não é tanto o que damos, mas que nos libertemos de nosso hábito de nos apegarmos. Uma prática tradicional é simplesmente oferecer um objeto de que gostamos de uma mão à outra. Uma mulher que conheço decidiu que iria doar qualquer coisa a que estivesse apegada. Um homem deu dinheiro a pedintes na rua todos os dias, durante seis meses, após a morte de seu pai. Essa foi a sua maneira de lidar com o luto. Uma mulher treinou visualizar que estava dando aquilo que mais temia perder.

A prática de dar nos mostra onde estamos resistindo, a que ainda nos agarramos. Começamos com nossos planos bem elaborados, mas a vida os sopra e os desfaz. A partir de um gesto de generosidade, o verdadeiro desprendimento se desenvolverá. A nossa perspectiva convencional começará a mudar. As causas da agressividade e do medo começam a se dissolver sozinhas quando superamos a pobreza de resistir e nos agarrar.

A jornada da generosidade é a de nos conectarmos tão profundamente com a riqueza da boditchita que nos dispomos a dar tudo que a bloqueia. Nós nos abrimos e nos permitimos ser tocados. Passamos a confiar na riqueza que tudo permeia. No nível do cotidiano, nós a experimentamos como flexibilidade e calor.

70

Disciplina

Para dissolvermos as causas da agressividade, precisamos de uma disciplina delicada porém exata. Sem a paramita da disciplina, simplesmente não temos o apoio necessário para evoluir. No nível externo, podemos pensar na disciplina como uma estrutura, como um período de trinta minutos de meditação ou uma aula de duas horas sobre o darma. Provavelmente o melhor exemplo é a técnica de meditação. Nós nos sentamos numa determinada postura e somos o mais fiéis possível à técnica. Simplesmente colocamos uma leve atenção na expiração, várias e várias vezes, ao longo das mudanças de humor, das lembranças, dos dramas e do tédio. Esse processo simples e repetitivo é como convidar aquela riqueza fundamental a entrar em nossa vida. Assim, seguimos as instruções, como séculos de meditadores já fizeram.

Dentro dessa estrutura, avançamos com compaixão. No nível interno, a disciplina é retornar à bondade, à honestidade, ao desprendimento. A disciplina é encontrar o equilíbrio entre nem apertado demais nem frouxo demais – nem folgado demais nem rígido demais.

A disciplina nos dá o apoio para desacelerar o suficiente e estar presentes o suficiente para levarmos a vida sem fazer uma bagunça.

Ela nos encoraja a dar mais um passo em direção à ausência de chão. Estamos disciplinando qualquer forma de potencial fuga da realidade. A disciplina nos permite estar bem aqui e nos conectar com a riqueza do momento.

71

Paciência

O poder da paramita da paciência é ser o antídoto da raiva, um meio de aprender a amar e apreciar tudo aquilo que encontrarmos no caminho. Paciência não significa resignação – tolerar, suportar, aguentar algo. Em qualquer situação, em vez de reagir imediatamente, podemos mastigá-la, sentir seu cheiro, observá-la e nos abrir para ver o que está ali. O oposto da paciência é a agressividade – o desejo de saltar e se mover, de fazer pressão contra a vida, de preencher os espaços. A jornada da paciência envolve relaxar, abrir-se ao que está acontecendo e experimentar uma sensação de encantamento.

    Um dos modos de treinar a paciência é fazer tonglen. Quando queremos fazer uma mudança súbita, quando começamos a correr pela vida, quando sentimos que precisamos ter uma solução, quando alguém grita conosco e ficamos ofendidos, queremos gritar de volta ou revidar. Queremos colocar nosso veneno para fora. Em vez disso, podemos nos conectar com a inquietação humana fundamental, a agressividade humana fundamental, praticando tonglen por todos os seres. Então podemos enviar uma sensação de espaço que desacelera ainda mais a situação. Ao sentar e ficar ali, abrimos espaço para que a reação habitual *não* aconteça. Nossas palavras e ações podem ser muito diferentes, apenas porque, antes de mais nada, demos a nós mesmos um tempo para tocar, sentir e ver a situação.

Ao treinarmos a paramita da paciência, em primeiro lugar somos pacientes com nós mesmos. Aprendemos a relaxar com a inquietação de nossa energia – a energia da raiva, do tédio ou da excitação. A paciência exige coragem. Não é um estado ideal de calma. Na verdade, ao praticarmos a paciência passamos a ver nossa agitação com muito mais clareza.

72

Empenho alegre

A paramita do empenho está ligada à alegria. Ao praticar essa paramita, como crianças que aprendem a andar, treinamos com entusiasmo, mas sem uma meta. Essa energia alegre e animada não é uma questão de sorte. Ela requer um treinamento contínuo de atenção plena e maitri, de dissolução das barreiras e de abrir o coração. À medida que aprendemos a relaxar na ausência de chão, esse empenho alegre surge.

Por meio da prática contínua, descobrimos como cruzar a fronteira entre travar e despertar. Isso depende de nossa disposição a experimentar diretamente os sentimentos que temos evitado por muitos anos. Essa disposição a nos manter abertos àquilo que nos assusta enfraquece nosso hábito de fugir. É dessa maneira que a fixação ao eu começa a se arejar e desaparecer.

Quanto mais nos conectamos com uma perspectiva mais ampla, mais nos conectamos com a alegria enérgica. O empenho é a atitude de se conectar com nosso apetite pela iluminação. Ele nos permite agir, dar, trabalhar de forma apreciativa com tudo que surge em nosso caminho. Se realmente soubéssemos quanto sofrimento nossa tentativa de evitar a dor e buscar o prazer traz ao planeta como um todo – quanto isso nos torna infelizes e nos desconecta de nossa bondade fundamental –, praticaríamos como se nosso cabelo estivesse em chamas. Não haveria nenhuma possibilidade de pensar que temos muito tempo e podemos deixar para depois.

Quando começamos a praticar o empenho, no entanto, vemos que às vezes conseguimos, outras não. A questão passa a ser: como nos conectar com a inspiração? Como nos conectar com a centelha e a alegria disponíveis em todos os momentos?

73

MEDITAÇÃO

Quando sentamos para meditar, deixamos para trás a ideia do meditador perfeito, da meditação ideal e, também, dos resultados preconcebidos. Treinamos simplesmente estar presentes. Abrimo-nos completamente à dor e ao prazer de nossa vida. Treinamos a precisão, a gentileza e o desprendimento. Ao vermos nossos pensamentos e emoções com compaixão, paramos de lutar contra nós mesmos. Aprendemos a reconhecer quando estamos tensos e a confiar que podemos nos soltar. Assim, os bloqueios criados por nossos hábitos e preconceitos começam a desmoronar, e a sabedoria que estávamos bloqueando – a sabedoria da boditchita – fica disponível.

A meditação talvez seja a única coisa que fazemos que não acrescenta nada ao quadro. Quando nos sentamos para meditar, podemos nos conectar com algo incondicional – um estado de espírito, um ambiente fundamental que não agarra nem rejeita. Tudo tem permissão para vir e ir sem enfeites. A meditação é uma ocupação totalmente não violenta e não agressiva. Não preencher o espaço, permitir a possibilidade de se conectar com a abertura incondicional – isso oferece a base para a mudança real. Quanto mais nos sentamos com essa impossibilidade, mais descobrimos que, no fim das contas, ela é sempre possível.

Quando nos apegamos a pensamentos e lembranças, estamos nos apegando àquilo que não pode ser agarrado. Quando tocamos esses fantasmas e permitimos que eles se dissipem, podemos descobrir um espaço, uma pausa na tagarelice, um vislumbre do céu aberto. Esse é nosso direito inato – a sabedoria com a qual nascemos, a vasta exibição da riqueza e da abertura primordiais, da própria sabedoria primordial. Quando um pensamento já acabou e o outro ainda não começou, podemos repousar nesse espaço.

74

Permitindo que o mundo fale por si
("Não interprete incorretamente")

A máxima "Não interprete incorretamente" quer dizer: não imponha uma noção errônea do que harmonia, compaixão, paciência e generosidade significam. Não interprete incorretamente esses ensinamentos. Existe compaixão e compaixão *idiota*; existe paciência e paciência *idiota*; existe generosidade e generosidade *idiota*. Por exemplo, tentar contornar todas as situações para evitar confrontos, para não "entornar o caldo", não é compaixão nem paciência. Isso é controle. Nesse caso, você não está tentando caminhar em território desconhecido, não está mais nu, abrindo mão da proteção, para ficar mais em contato com a realidade. Ao contrário, você usa as formas idiotas de compaixão apenas para conseguir segurança.

Quando abrimos a porta e convidamos todos os seres sencientes como nossos hóspedes, temos que largar nosso planejamento. Pessoas muito diferentes entram. No momento em que pensamos ter encontrado um esquema que dá certo, ele deixa de funcionar. Pode ter sido muito útil com uma pessoa, mas, quando você tenta com outra, ela o olha como se você fosse louco e, quando tenta com uma terceira, ela se ofende. Inventar fórmulas não funciona. Não sabemos o que vai dar certo, mas assim mesmo precisamos falar e agir com clareza e decisão. Clareza e decisão vêm da disposição de desacelerar, escutar e olhar o que está acontecendo. Vêm de abrir o coração, não de fugir. Então suas ações e sua fala entram em sintonia com o que precisa ser feito – por você e pelo outro.

75

MEDITAÇÃO E PRAJNA

Como seres humanos, não apenas buscamos soluções; achamos que as merecemos. No entanto, além de não as merecermos, sofremos com elas. Merecemos algo melhor do que isso: merecemos nosso direito de nascença, que é prajna, uma mente aberta que consegue relaxar com o paradoxo e a ambiguidade.

Prajna é a expressão não filtrada do ouvido aberto, do olho aberto, da mente aberta, encontrada em todos os seres viventes. É um processo fluido, não algo consolidado e concreto que possa ser resumido ou medido.

Prajnaparamita é nossa experiência humana. Não é particularmente considerada um estado mental tranquilo ou perturbado. É um estado de inteligência básica que é aberto, questionador e imparcial. Se ela se apresenta sob a forma de curiosidade, confusão, choque ou relaxamento, realmente não vem ao caso. Nós a treinamos quando somos pegos de surpresa e quando nossa vida está incerta, não resolvida.

A meditação nos oferece um modo de treinar prajna – manter-se aberto no momento presente. Treinamos, como disse Trungpa Rinpoche, "não ter medo de ser tolo". Cultivamos um relacionamento simples e direto com o nosso ser – sem filosofar, sem moralizar e sem julgar.

Podemos lidar com tudo que surge em nossa mente. Tudo é trabalhável.

É como estar na cama antes do amanhecer e ouvir a chuva no telhado. Esse simples som pode ser uma decepção, pois estávamos planejando fazer um piquenique. E pode ser agradável, porque nosso jardim está muito seco. Mas a mente flexível de prajna não tira conclusões sobre bom ou mau. Ela percebe o som sem acrescentar nada extra, sem julgamentos de feliz ou triste.

76

Planeje manter-se aberto

No início do dia, usando sua própria maneira de falar, encoraje a si mesmo a manter o coração aberto, a permanecer curioso, por mais difíceis que as coisas sejam. Então, no fim do dia, quando estiver prestes a dormir, repasse o que aconteceu. Talvez note que o dia inteiro se passou e em momento algum você recordou o que pretendera fazer pela manhã. Em vez de usar isso como munição para se sentir mal, use como uma oportunidade para se conhecer melhor. Use para ver todos os jeitos engraçados como você se engana, todos os jeitos em que consegue se desligar e se fechar. Se não quiser mais fazer as práticas de boditchita porque parecem uma receita para o fracasso, gere um coração bondoso em relação a si mesmo. Refletir sobre as atividades de um único dia já pode ser doloroso, mas talvez você acabe se respeitando mais. Verá que há muitas mudanças no clima do dia; nunca somos só de um jeito ou de outro. Quanto mais você se dispuser a abrir seu coração, mais desafios virão.

77

Máxima: "Abandone qualquer expectativa de resultado"

"Resultado" significa que, em algum momento futuro, você se sentirá bem. Um dos ensinamentos budistas mais poderosos é que nada mudará enquanto desejarmos que isso aconteça. Enquanto quisermos melhorar, não melhoraremos. Enquanto estivermos voltados para o futuro, nunca conseguiremos relaxar no que já temos ou já somos.

Um de nossos padrões habituais mais profundos é achar que o momento presente não é suficientemente bom. Vivemos nos lembrando do passado, que pode ter sido melhor ou pior que o presente. Também pensamos bastante no futuro, sempre com a esperança de que será um pouquinho melhor do que agora. Mesmo que as coisas estejam indo muito bem, geralmente não nos damos todo o crédito por quem somos agora.

Por exemplo, é fácil esperar que as coisas melhorem como resultado da meditação: nunca mais teremos acessos de mau humor, nunca mais sentiremos medo ou os outros passarão a gostar mais de nós. Ou talvez nos conectaremos plenamente com aquele mundo desperto, brilhante e sagrado que esperamos encontrar. Usamos nossa prática para reforçar a ideia de que, se fizermos as coisas certas, começaremos a nos conectar com um mundo maior, um mundo mais vasto, um mundo diferente daquele em que vivemos hoje.

Em vez de procurar um resultado, poderíamos tentar apenas ficar com nosso coração e nossa mente abertos. Isso é muito orientado para o presente. Ao entrar nesse tipo de relacionamento incondicional com nós mesmos, podemos começar a nos conectar com a qualidade desperta que já temos.

Neste exato momento, você consegue estabelecer um relacionamento incondicional consigo mesmo? Com a altura que tem, com o peso que tem, com a inteligência que tem e sua atual carga de dor? Você consegue entrar num relacionamento incondicional com isso?

78

SOLIDÃO TRANQUILA

A solidão tranquila nos permite olhar nossa mente com honestidade e sem agressão. Podemos aos poucos soltar as ideias de quem pensamos que deveríamos ser, de quem pensamos que queremos ser, de quem pensamos que outras pessoas acham que queremos ou deveríamos ser. Abrimos mão disso e só olhamos diretamente, com compaixão e senso de humor, para quem somos. E então a solidão não é ameaça, não é mágoa e não é punição.

A solidão tranquila não oferece nenhuma solução nem coloca um chão sob nossos pés. Ela nos desafia a entrar num mundo que não tem ponto de referência, sem polarizar nem nos solidificar. Isso é chamado de caminho do meio, que é outra maneira de descrever o caminho do guerreiro-bodisatva.

Quando acorda pela manhã e, do nada, a dor da alienação e da solidão surge no coração, você consegue usá-la como uma oportunidade de ouro? Em vez de se atormentar ou sentir que algo terrivelmente errado está acontecendo, bem ali, no momento da tristeza e da saudade, você consegue relaxar e tocar o espaço ilimitado do coração humano? A próxima vez que tiver oportunidade, experimente.

79

Máxima: "Treine-se nas três dificuldades"

As três dificuldades são reconhecer a neurose como neurose, fazer algo diferente e aspirar a continuar praticando dessa forma.

Reconhecer que estamos totalmente perturbados é o primeiro e mais difícil passo em qualquer prática. É impossível nos libertarmos da confusão sem o reconhecimento de que estamos presos nela. "Fazer algo diferente" é fazer qualquer coisa que interrompa nossa forte tendência a surtar. Podemos soltar a narrativa e nos conectar com a energia subjacente, fazer tonglen na hora H, recordar uma máxima ou começar a cantar – qualquer coisa que não reforce nossos hábitos paralisantes. A terceira prática difícil é lembrar que isso não é algo que fazemos somente uma ou duas vezes. Interromper nossos hábitos destrutivos e despertar o coração é um trabalho para toda a vida.

Essencialmente, a prática é sempre a mesma: em vez de sermos presa de uma reação em cadeia, de vingança ou autodestruição, aos poucos aprendemos a reconhecer a reatividade emocional e a soltar a história. É então que experimentamos completamente a sensação no corpo. Uma maneira de fazer isso é respirá-la para dentro do coração. Cultivamos maitri e a compaixão por nós mesmos reconhecendo a emoção, largando qualquer história que estejamos contando e sentindo a energia do momento. Então podemos reconhecer que existem milhões que estão sentindo o mesmo que nós e respirar a emoção por todos nós, desejando que possamos todos nos libertar da confusão e das reações habituais que nos limitam. Quando, com compaixão, conseguirmos reconhecer nossa própria confusão, poderemos ampliar essa compaixão para incluir os outros, que estão igualmente confusos. A mágica do treinamento da boditchita está nessa etapa de ampliar o círculo da compaixão.

80

A COMUNICAÇÃO QUE VEM DO CORAÇÃO

Temos uma forte tendência a nos distanciar de nossa experiência porque ela nos causa dor. O darma, porém, nos encoraja a chegar mais perto dela. Embora existam muitas palavras que poderiam ser usadas para explicar a ação compassiva, eu gostaria de enfatizar a palavra *comunicação* – especialmente a comunicação que vem do coração.

Todas as atividades devem ser feitas com a intenção de comunicar. Esta é uma sugestão prática: todas as atividades deveriam ser feitas com a intenção de falar de modo que outra pessoa possa nos escutar, em vez de usar palavras que aumentem as barreiras e tapem os ouvidos. Nesse processo, também aprendemos a ouvir e a olhar. Você pode praticar para tornar suas ações, sua fala e seus pensamentos inseparáveis desse desejo de se comunicar com o coração. Tudo que dizemos pode polarizar ainda mais a situação e nos convencer de que estamos muito separados. Por outro lado, tudo que dizemos, fazemos e pensamos pode servir de apoio ao nosso desejo de comunicação e aproximação, fazendo-nos sair desse mito de separação e isolamento a que estamos presos.

Assumir esse tipo de responsabilidade é outra maneira de falar sobre despertar a boditchita, porque parte de assumir a responsabilidade é a qualidade de ser capaz de enxergar as coisas com muita clareza. Assumir a responsabilidade também tem relação com a gentileza, com não fazer julgamentos, não atribuir conceitos como certo e errado, bom e mau, mas, em vez disso, olhar para si mesmo com suavidade e honestidade. E ainda há a capacidade de seguir em frente. Você pode apenas seguir em frente; não precisa ficar congelado numa identidade de vencedor ou vencido, agressor ou agredido, mocinho ou bandido. Você simplesmente olha o que faz com o máximo de clareza e compaixão que puder e depois segue em frente. O momento seguinte é sempre novo e aberto.

81

A GRANDE PRESSÃO

Quando queremos nos comunicar e temos um grande desejo de ajudar os demais – seja no nível da ação social, da família, do trabalho, da comunidade, ou simplesmente apoiando quem precisa de nós –, mais cedo ou mais tarde, experimentaremos uma grande pressão. Há uma disparidade entre nossos ideais e a realidade. É como se estivéssemos sendo esmagados pelos dedos de um gigante. Ficamos entre a cruz e a espada.

Frequentemente há uma discrepância entre nossos ideais e o que realmente encontramos. Quando criamos nossos filhos, por exemplo, temos ótimas teorias, mas às vezes não é nada fácil conciliar nossas boas ideias e o que as crianças são, bem ali no café da manhã, com comida por todo lado, ou, durante a meditação, você já percebeu como é difícil sentir de fato as emoções sem sermos arrastados por elas? Como é custoso cultivar amizade consigo mesmo quando se está arrasado, apavorado ou preso a uma situação?

Há uma discrepância entre nossa inspiração e a situação que se apresenta. É o atrito entre essas duas coisas – a pressão entre a realidade e aquilo que idealizamos – que nos faz crescer e despertar para sermos 100% decentes, vivos e compassivos. A grande pressão é um dos lugares mais produtivos do caminho espiritual e, especificamente, dessa jornada de despertar o coração.

82

A CURIOSIDADE E O CÍRCULO DA COMPAIXÃO

A tendência a nos centralizarmos em nós mesmos, a tentar nos proteger, é forte e generalizada. Um modo simples de virá-la ao contrário é desenvolver nossa curiosidade e nosso espírito inquiridor sobre tudo. Essa é outra maneira de falar em ajudar os outros, mas é claro que esse processo também nos ajuda. Trabalhamos a nós mesmos para ajudar os outros, mas também ajudamos os outros para nos trabalhar. Todo o caminho parece consistir em desenvolver a curiosidade, olhar para fora e se interessar por todos os detalhes de nossa vida e de nosso entorno imediato.

Quando nos encontramos numa situação que toca em nossos pontos sensíveis, podemos escolher reprimir ou extravasar – ou podemos escolher praticar. Se conseguimos começar a praticar tonglen na hora H, inspirando com a intenção de manter o coração aberto à vergonha, ao medo ou à raiva que sentimos, então, para nossa surpresa, descobrimos que também estamos abertos ao que o outro está sentindo. Coração aberto é coração aberto. Quando consegue abri-lo, seus olhos e sua mente também se abrem, e você consegue ver o que está acontecendo no rosto e no coração dos outros. Se estiver andando pela rua e lá longe – tão longe que você não conseguiria fazer nada para impedir – vir um homem batendo no cachorro, você pode fazer tonglen pelo homem e pelo cachorro. Ao mesmo tempo, estará praticando pela dor de seu próprio coração, por todos os animais e pessoas que agridem e são agredidos e por todas as pessoas como você, que estão vendo e não sabem o que fazer. Simplesmente por fazer essa troca, você tornou o mundo um lugar maior e mais amoroso.

83

Leve o tonglen mais longe

Na prática de despertar o coração, o círculo de compaixão se amplia em seu próprio ritmo e de forma espontânea. Não é algo que você possa forçar e, claramente, não é um processo que possa fingir. Mas você pode se encorajar a experimentar fingir de vez em quando, observando o que acontece ao tentar fazer tonglen por um inimigo. Experimente quando seu inimigo estiver à sua frente ou quando você trouxer intencionalmente a lembrança dele para fazer tonglen. Pense nesta simples instrução: o que seria preciso para eu ser capaz de fazer meu inimigo ouvir o que estou tentando dizer e o que seria preciso para ser capaz de ouvir o que ele está tentando me dizer? A essência de tonglen é a comunicação que vem do coração.

Fazer tonglen por todos os seres sencientes não precisa estar separado de fazer por si e por sua situação imediata. Esse é um ponto que precisamos ouvir várias vezes. Quando se conectar com seu próprio sofrimento, reflita que inúmeros seres, neste exato momento, estão sentindo exatamente o que você está sentindo. As histórias são diferentes, mas a sensação da dor é a mesma. Quando faz a prática por todos os seres sencientes e por si ao mesmo tempo, você começa a perceber que o eu e o outro, na verdade, não são diferentes.

84

MÁXIMA: "SEJA GRATO A TODOS"

"Seja grato a todos" é fazer as pazes com os aspectos que rejeitamos em nós mesmos. Ao agir assim, também fazemos as pazes com as pessoas de quem não gostamos, pois estar com elas frequentemente funciona como um catalisador para cultivarmos a amizade com nós mesmos.

Se fizéssemos uma lista das pessoas de quem não gostamos – as que achamos insuportáveis, ameaçadoras ou dignas de desprezo –, descobriríamos muito sobre os aspectos de nós mesmos que não conseguimos encarar. Se atribuíssemos uma palavra a cada um dos criadores de caso que aparecem em nossa vida, acabaríamos com uma lista de características nossas que rejeitamos e projetamos no mundo exterior. Mesmo sem ter consciência disso, as pessoas que nos causam aversão mostram aspectos que consideramos inaceitáveis em nós mesmos e que, sem elas, não conseguiríamos enxergar. Nos ensinamentos tradicionais do lojong, isso é colocado de outra maneira: os outros desencadeiam nosso carma mal resolvido. Eles funcionam como um espelho e nos oferecem a oportunidade de nos reconciliarmos com antigos problemas que carregamos por aí como uma mochila cheia de pedras.

"Seja grato a todos" é uma forma de dizer que podemos aprender com qualquer situação, principalmente se praticarmos essa máxima com consciência. As pessoas e situações de nossa vida podem servir para nos lembrar de ver a neurose como neurose – de ver quando fechamos as cortinas, trancamos a porta e nos enfiamos debaixo das cobertas.

85

Obstáculos como perguntas

Os obstáculos ocorrem nos níveis exterior e interior. No nível exterior, a sensação é de que algo ou alguém nos prejudicou e interferiu na harmonia e na paz que achávamos ser nossas. Algum canalha estragou tudo. Essa sensação específica de obstáculo ocorre em relacionamentos e em muitas outras situações; nos sentimos decepcionados, prejudicados, confusos e atacados de várias maneiras. As pessoas se sentem assim desde o início dos tempos.

No nível interior, talvez nada realmente nos ataque, a não ser nossa própria confusão. Talvez não haja obstáculos sólidos, exceto a nossa própria necessidade de nos proteger para não sermos tocados. Talvez o único inimigo seja o fato de não gostarmos de como a realidade é *agora* e, portanto, querermos que vá embora depressa. Mas o que descobrimos como praticantes é que nada vai embora até nos ensinar o que precisamos saber. Se corrermos a 200 quilômetros por hora até o outro lado do continente, ainda assim encontraremos o mesmo problema à nossa espera ao chegarmos lá. Ele retorna com novos nomes, formas e manifestações até aprendermos o que tem a nos ensinar: onde estamos nos separando da realidade? Como estamos recuando em vez de nos abrir? Como estamos nos fechando em vez de nos permitir experimentar plenamente tudo que encontrarmos?

86

Seis tipos de solidão

Em geral, vemos a solidão como inimiga. Ela é inquieta, prenhe e ardente do desejo de escapar e encontrar alguma coisa ou alguém que nos faça companhia. Quando conseguimos repousar em meio a ela, começamos a ter um relacionamento não ameaçador com a solidão, uma solidão refrescante que vira de cabeça para baixo nossos padrões de medo. Há seis maneiras de descrever esse tipo de solidão refrescante:

1. *Menos desejo* é a disposição a estarmos sozinhos sem resolução quando tudo em nós anseia por algo que mude nosso estado de humor.

2. *Contentamento* significa que não acreditamos mais que fugir da solidão vá trazer felicidade, coragem ou força.

3. *Evitar atividades desnecessárias* significa que paramos de procurar algo que nos entretenha ou nos salve.

4. *Disciplina completa* significa que, em todas as oportunidades, estamos dispostos a voltar ao momento presente com atenção compassiva.

5. *Não vagar pelo mundo do desejo* é nos relacionarmos diretamente com o modo como as coisas são, sem tentar torná-las melhores.

6. *Não buscar segurança nos pensamentos discursivos* significa não procurar mais a companhia da constante conversa com nós mesmos.

87

Completamente processado

Entender que nossas emoções têm o poder de nos fazer correr em círculos nos ajuda a descobrir de que modo aumentamos nossa dor e nossa confusão e nos prejudicamos. Como termos bondade fundamental, sabedoria fundamental e inteligência fundamental, podemos parar de prejudicar a nós mesmos e aos outros.

Com a atenção plena, vemos as coisas quando elas surgem. Com nossa compreensão, não acreditamos na reação em cadeia que faz coisas minúsculas ficarem enormes – nós as deixamos minúsculas. Elas não vão se expandindo até virarem a Terceira Guerra Mundial ou um caso de violência doméstica. Tudo se resume a aprender a parar um só momento e não fazer a mesma coisa várias e várias vezes por impulso. É transformador simplesmente parar em vez de imediatamente preencher o espaço. Quando esperamos, começamos a nos conectar não só com a inquietação fundamental, mas também com a espaciosidade fundamental.

O resultado é que paramos de causar sofrimento. Começamos a nos conhecer completamente e a respeitar a nós mesmos e aos outros. Qualquer coisa pode surgir, qualquer coisa pode entrar em nossa casa. Podemos encontrar um dinossauro sentado no sofá da sala e não surtamos. Fomos completamente processados ao conhecer a nós mesmos com atenção plena, honesta e gentil.

88

Compromisso

Recentemente, ofereci um programa de fim de semana num tipo de shopping center espiritual da Nova Era. Minha oficina era uma dentre cerca de setenta outras sendo apresentadas. No almoço ou no estacionamento, as pessoas se perguntavam: "Ah, que curso você vai fazer neste fim de semana?" Fazia tempo que eu não encontrava nada parecido.

Eu já estive numa busca semelhante, atrás de meu caminho espiritual. Para parar, precisei ouvir meu mestre Chögyam Trungpa dizer que procurar por aí é uma tentativa de encontrar segurança, uma tentativa de dar um jeito de sempre se sentir bem consigo mesmo. Pode-se ouvir o darma em muitos lugares, mas você não estará comprometido com nada enquanto não encontrar um caminho específico que soe verdadeiro em seu coração e decidir segui-lo. Para aprofundar, é preciso haver um compromisso sincero. Você começa a jornada do guerreiro quando escolhe um caminho e se mantém nele. Depois, você deixa que ele o submeta às mudanças. Sem compromisso, no minuto em que realmente começar a doer, você vai largá-lo para procurar outra coisa.

Permanece a questão: com o que estamos realmente comprometidos? É com agir com cautela e manipular a vida e o resto do mundo para que nos deem segurança e confirmação? Ou nosso compromisso é com explorar níveis cada vez mais fundos de desprendimento? Nós tomamos refúgio em ações, falas e mentalidades pequenas e autossatisfatórias? Ou tomamos refúgio na atitude do guerreiro, de dar um salto para além de nossa zona de segurança habitual?

89

TRÊS MÉTODOS PARA TRABALHAR COM O CAOS

Há três maneiras muito práticas de se relacionar com as circunstâncias difíceis e vê-las como o caminho do despertar e da alegria: parar de lutar, usar o veneno como remédio e ver tudo que surgir como manifestação da sabedoria.

O primeiro método pode ser sintetizado na instrução de meditação. Olhamos diretamente tudo que surge na mente, rotulamos de "pensando" e voltamos à simplicidade imediata da respiração. Quando encontramos dificuldades em nossa vida, podemos continuar treinando assim. Podemos soltar a história, desacelerar o suficiente para simplesmente estar presentes, soltar a profusão de esquemas e julgamentos e parar de lutar.

Em segundo lugar, podemos usar o veneno como combustível para o despertar. Em geral, essa ideia nos é apresentada pelo tonglen. Em vez de rejeitar as situações difíceis, podemos usá-las para nos conectar com outras pessoas que, assim como nós, muitas vezes sentem dor. Como diz uma das máximas: "Quando o mundo está cheio de maldade, transforme todas as adversidades no caminho da iluminação."

O terceiro método para trabalhar com o caos é ver tudo que surgir como manifestação da energia desperta. Podemos nos ver como já despertos; podemos ver nosso mundo como já sagrado.

Essa visão nos encoraja a usar tudo na vida como base para atingir a iluminação.

O mundo onde nos encontramos, a pessoa que pensamos ser: essas são nossas bases de trabalho. Esse campo mortuário chamado vida é a manifestação da sabedoria. Essa sabedoria é a base da liberdade e também a base da confusão. A cada momento fazemos uma escolha: que caminho seguir? Como nos relacionar com a matéria crua de nossa existência?

90

Equanimidade na hora H

Uma prática instantânea de equanimidade é descer a rua com a intenção de permanecer o mais desperto possível em relação a todos que encontrarmos. Isso é um treinamento para sermos emocionalmente honestos com nós mesmos e para sermos mais acessíveis aos outros. Ao passarmos pelas pessoas, simplesmente notamos se nos abrimos ou nos fechamos. Notamos se estamos sentindo atração, aversão ou indiferença, sem acrescentar nada, como um autojulgamento, por exemplo. Podemos sentir compaixão por alguém que pareça deprimido, ou alegria por alguém que esteja sorrindo para si mesmo. Podemos sentir medo ou aversão por uma pessoa sem nem ao menos sabermos por quê. Notar onde nos abrimos ou nos fechamos – sem elogio ou culpa – é a base de nossa prática. Praticar dessa forma, mesmo que somente por um quarteirão de uma rua da cidade, pode nos abrir os olhos.

Podemos levar a prática mais longe usando tudo que nos acontecer como base para despertar empatia ou compreensão. Sentimentos fechados, como medo e repulsa, tornam-se, assim, lembretes de que os outros também os experimentam. Estados de abertura, como amizade e deleite, também nos conectam com aqueles pelos quais passamos na rua. De uma maneira ou de outra, estaremos expandindo nosso coração.

91

A VERDADE É INCONVENIENTE

A diferença entre teísmo e não teísmo não está em acreditar ou não em Deus. Essa é uma questão que se aplica a todos, budistas e não budistas. O teísmo é a convicção arraigada de que há uma mão a segurar: se fizermos as coisas certas, alguém vai nos dar valor e cuidar de nós. É a ideia de que sempre haverá uma babá disponível quando precisarmos. Todos nós temos a tendência a abrir mão das nossas responsabilidades e delegar nossa autoridade a algo fora de nós.

O não teísmo é relaxar na ambiguidade e na incerteza do momento presente sem recorrer a nada para nos proteger. Às vezes, pensamos que os ensinamentos budistas são algo fora de nós – algo em que acreditar, algo a que estar à altura. No entanto, o darma não é uma crença, não é um dogma. É a apreciação total da impermanência e da mudança. Os ensinamentos se desintegram quando tentamos agarrá-los. Temos que experimentá-los sem esperança. Muitas pessoas corajosas e compassivas os experimentaram e os transmitiram. A mensagem é destemida; o darma nunca foi uma crença a ser seguida às cegas. O darma não nos dá nada a que nos agarrarmos.

O não teísmo é finalmente perceber que não existe babá com quem possamos contar. Assim que arranjamos uma das boas, ela se vai. O não teísmo é perceber que não são só as babás que vêm e vão. A vida inteira é assim. Essa é a verdade, e a verdade é inconveniente.

92

Residir no estado de destemor

Certa vez o Buda reuniu seus discípulos em um local conhecido como a Montanha do Pico dos Abutres. Lá, ele apresentou alguns ensinamentos revolucionários sobre a dimensão totalmente aberta e sem chão de nosso ser, conhecida como vacuidade, boditchita incondicional ou prajnaparamita.

Muitos alunos que lá estavam tinham uma profunda compreensão da impermanência, da ausência de ego e da verdade de que nada – inclusive nós mesmos – é sólido ou previsível. Eles compreendiam o sofrimento que resulta do apego e da fixação. Aprenderam isso do próprio Buda e experimentaram a profundidade dessa verdade durante a meditação. Mas o Buda sabia que a nossa tendência a procurar chão firme tem raízes profundas. O ego consegue usar qualquer artifício para manter a ilusão de segurança, inclusive a crença na insubstancialidade e na mudança.

Então o Buda fez algo chocante. Com os ensinamentos sobre a vacuidade, ele puxou de vez o tapete, deixando seus alunos ainda mais sem chão. Ele lhes disse que deveriam soltar tudo em que acreditassem e que se apoiar em qualquer descrição da realidade era uma armadilha. A principal mensagem do Buda naquele dia foi que se agarrar a *qualquer coisa* bloqueia a sabedoria. Precisamos soltar *quaisquer* conclusões a que possamos chegar. A única maneira de compreender completamente os ensinamentos, a única maneira de praticá-los plenamente é permanecer na abertura incondicional, eliminando pacientemente todas as nossas tendências a nos agarrarmos.

Essa instrução, conhecida como o *Sutra do Coração*, é um ensinamento sobre o destemor. Quanto mais paramos de lutar contra a incerteza e a ambiguidade, mais dissolvemos nosso medo. O destemor total é a completa iluminação – interação sincera e de mente aberta com o nosso mundo. Enquanto isso, treinamos caminhar pacientemente nessa direção. Ao aprendermos a relaxar na ausência de chão, gradualmente nos conectamos com a mente que desconhece o medo.

93

O PARADOXO ESSENCIAL

No *Sutra do Coração*, um monge chamado Shariputra, um dos principais discípulos do Buda, começa a questionar Avalokiteshvara, o bodisatva da compaixão, e lhe pergunta: "Em todas as palavras, ações e pensamentos de minha vida, como aplico a prajnaparamita? Qual é a chave para o treinamento dessa prática? Que visão devo adotar?"

Avalokiteshvara responde com o mais famoso dos paradoxos do budismo: "Forma é vacuidade, vacuidade também é forma. Vacuidade nada mais é do que forma, forma nada mais é do que vacuidade." Sua explicação, como a própria prajnaparamita, é inexprimível, indescritível e inconcebível. A forma é aquilo que simplesmente *é* antes de projetarmos nossas crenças nela. A prajnaparamita representa uma visão completamente nova, uma mente desimpedida na qual qualquer coisa é possível.

"Forma é vacuidade" se refere ao nosso relacionamento simples e direto com a experiência imediata. Primeiro, varremos nossas concepções prévias e, então, temos que soltar até mesmo nossa crença de que deveríamos olhar as coisas sem concepções prévias. À medida que continuamos a puxar nosso próprio tapete, compreendemos a perfeição das coisas assim como elas são.

Mas "vacuidade também é forma" inverte a situação. A vacuidade se manifesta continuamente como guerra e paz, como tristeza, nascimento, velhice, doença e morte, e também como alegria. Somos desafiados a permanecer em contato com a qualidade pulsante de estarmos vivos. Por isso treinamos as práticas da boditchita relativa, das quatro qualidades ilimitadas e de tonglen. Elas nos ajudam a nos engajarmos completamente na exuberância da vida com uma mente aberta e desanuviada. As coisas são tão ruins e tão boas quanto parecem. Não há necessidade de acrescentar mais nada.

94

Nada a que se agarrar

Todas as instruções sobre atenção plena apontam a mesma coisa: estar bem aqui no momento presente nos prega. Nos prega ao exato ponto no tempo e no espaço em que estamos. Quando paramos aí e não extravasamos, não reprimimos, não culpamos os outros e não nos culpamos, encontramos uma pergunta aberta sem resposta conceitual. Também encontramos a nós mesmos.
 O truque é continuar explorando e não desistir, mesmo quando descobrimos que algo não é como pensamos. É o que vamos descobrir muitas e muitas vezes. Nada é como pensamos. Posso dizer isso com muita confiança. A vacuidade não é o que pensamos. A atenção plena e o medo também não são. A compaixão não é o que pensamos. Amor, natureza de buda, coragem são codinomes para o que não conseguimos compreender intelectualmente, mas qualquer um de nós pode vivenciar. São palavras que apontam para o que a vida realmente é quando deixamos tudo se desfazer e nos permitimos ser pregados no momento presente.
 O caminho do guerreiro-bodisatva não é ir para o céu ou para algum lugar muito confortável. O desejo de encontrar um lugar onde tudo esteja bem é exatamente o que nos mantém infelizes. Estar sempre procurando um modo de ter prazer e evitar a dor

é como nos mantemos no samsara. Enquanto acreditamos que existe algo que vai satisfazer permanentemente nossa fome de segurança, o sofrimento é inevitável. A verdade é que as coisas estão sempre em transição. "Nada a que se agarrar" é a raiz da felicidade. Quando nos permitimos repousar aqui, descobrimos que essa é uma situação terna, não agressiva e aberta. É aqui que fica o caminho do destemor.

95

Máxima: "Atribua todas as culpas a um só"

"Atribua todas as culpas a um só" é dizer: em vez de sempre culpar o outro, *assuma* o sentimento de culpa, *assuma* a raiva, *assuma* a solidão e faça amizade com eles. Use a prática de tonglen para ver como pôr a raiva, o medo ou a solidão num berço de bondade amorosa; use tonglen para aprender a ser gentil com tudo isso. Para ser amoroso e criar uma atmosfera de compaixão para si, é necessário parar de dizer a si mesmo que está tudo errado – ou que está tudo certo, aliás.

Desafio você a experimentar isto: solte o objeto de sua emoção, faça tonglen e veja se, de fato, a intensidade do assim chamado veneno diminui. Já experimentei e, como minha dúvida era muito forte, durante algum tempo pareceu que não funcionava mesmo. Mas, à medida que a minha confiança crescia, descobri que é isto que acontece: a intensidade da emoção se reduz, assim como sua duração. Isso acontece porque o ego começa a ser arejado. Somos todos viciados, principalmente, em EU. Esse grande e sólido EU começa a ser arejado quando vamos na contramão dessa tendência habitual e ficamos com nossos sentimentos em vez de culpar os outros.

O "um só" em "Atribua todas as culpas a um só" refere-se à nossa tendência a nos proteger: a fixação no ego. Quando dirigimos todas as culpas para essa tendência, ficando com nossos sentimentos e os sentindo plenamente, o EU contínuo e monolítico começa a ficar mais leve, porque ele é fabricado por nossas opiniões, nossos estados de espírito e um monte de coisas efêmeras – mas ao mesmo tempo vívidas e convincentes.

96

Este exato momento é o mestre perfeito

À medida que nos tornamos mais abertos, podemos pensar que serão necessárias catástrofes maiores para querermos sair de nossos modos habituais. O interessante é que, conforme nos abrimos mais e mais, são as grandes coisas que nos despertam imediatamente e as pequenas coisas que nos pegam desprevenidos. No entanto, não importa o tamanho, a cor ou o formato da catástrofe, a questão é continuar a encarar o desconforto da vida de peito aberto e vê-lo claramente em vez de tentarmos nos proteger dele.

Ao praticar meditação, não estamos tentando corresponder a algum tipo de ideal – bem ao contrário. Estamos apenas presentes com a nossa experiência, seja ela qual for. Se nossa experiência é às vezes ter alguma perspectiva e às vezes não ter nenhuma, então essa é nossa experiência. Se às vezes conseguimos encarar o que nos assusta e às vezes não conseguimos de modo algum, então essa é nossa experiência. "Este exato momento é o mestre perfeito" é, na verdade, a instrução mais profunda. Apenas ver o que está acontecendo – o ensinamento está bem aí. Podemos ficar com o que está acontecendo e não nos dissociar dessa experiência. O estado desperto encontra-se no prazer e na dor, na confusão e na sabedoria. Está disponível a cada momento de nossa estranha, insondável e simples vida cotidiana.

97

Convide suas questões não resolvidas

Você pode levar todas as suas questões cármicas não resolvidas diretamente para a prática de tonglen. Suponha que você esteja envolvido em um relacionamento horrível: sempre que pensa em uma determinada pessoa, sente-se *furioso*. Isso é muito útil para o tonglen! Talvez você esteja deprimido: sair da cama foi tudo que conseguiu fazer hoje. Você se sente tão deprimido que gostaria de ficar deitado pelo resto da vida. Aliás, chegou a pensar em se esconder embaixo da cama. Isso é muito útil para a prática do *tonglen*. A fixação específica deve ser *real* – exatamente assim.

Você pode estar fazendo tonglen formalmente ou apenas sentado, tomando café, e lá vem o objeto de sua fúria. Você inspira isso. A ideia é desenvolver simpatia por nossa própria confusão. A técnica consiste em não culpar o objeto nem culpar a si mesmo. Em vez disso, só há a fúria que acabou de ser liberada – quente, escura e pesada. Experimente-a o mais plenamente que puder.

Inspire a raiva; remova o objeto e pare de pensar nele. Na verdade, ele foi apenas um catalisador útil. Nesse momento, você assume a raiva completamente. Você atribui todas as culpas dentro de si. Isso exige muita coragem e é extremamente ofensivo para o ego. Na verdade, isso destrói todo o mecanismo do ego. Então você inspira.

Aí, você expira solidariedade, relaxamento e espaciosidade. Em vez de apenas uma situação pequena e escura, você abre muito espaço para esses sentimentos. Expirar é como abrir os braços e apenas soltar. É ar fresco. Então você inspira a raiva de novo – seu calor escuro e pesado. Depois expira, arejando a coisa toda, abrindo muito espaço.

98

QUATRO MÉTODOS PARA MANTER O ASSENTO

Quando nossa intenção é sincera mas as coisas ficam difíceis, a maioria de nós irá precisar de ajuda. Seria bom se tivéssemos alguma instrução fundamental sobre como relaxar e reverter nossos bem estabelecidos hábitos de agredir e culpar.

Os quatro métodos usados para manter o assento nos fornecem exatamente esse apoio no desenvolvimento da paciência para permanecermos abertos ao que está acontecendo em vez de agirmos no piloto automático. Esses quatro métodos são:

1. *Não montar o alvo para a flecha.* A escolha é sua: você pode fortalecer os velhos hábitos reagindo à irritação com raiva ou enfraquecê-los mantendo seu assento.

2. *Conectar-se com o coração.* Sente-se com a intensidade da raiva e deixe sua energia lhe trazer humildade e torná-lo mais compassivo.

3. *Ver os obstáculos como mestres.* Bem no ponto em que estiver prestes a explodir, lembre-se de que você foi desafiado a ficar com a irritação e o desconforto e relaxar aí onde está.

4. *Ver tudo que ocorre como um sonho.* Considere que as circunstâncias externas, assim como as emoções e a noção imensa de EU, são passageiras e desprovidas de essência, como uma lembrança, um filme, um sonho. Essa percepção corta o pânico e o medo.

Quando nos vemos capturados pela agressão, podemos lembrar o seguinte: não temos que atacar nem reprimir o que estamos sentindo. Não temos que sentir ódio nem vergonha. Podemos pelo menos começar a questionar nossas suposições. Será que, quer acordados, quer adormecidos, não estamos simplesmente indo de um estado de sonho a outro?

99

Cultivando o perdão

O perdão é um ingrediente essencial da prática de boditchita. Ele nos permite soltar o passado e começar do zero. O perdão não pode ser forçado. No entanto, quando temos coragem suficiente para abrir nosso coração a nós mesmos, o perdão surgirá.

Há uma prática simples que podemos fazer para cultivar o perdão. Primeiro, reconhecemos o que sentimos – vergonha, desejo de vingança, constrangimento, remorso. Depois nos perdoamos por sermos humanos. Então, no espírito de não chafurdar na dor, nós a soltamos e recomeçamos do zero. Não precisamos mais carregar esse fardo conosco. Podemos reconhecer, perdoar e recomeçar. Se praticarmos assim, pouco a pouco aprenderemos a ficar com o sentimento de arrependimento por termos magoado a nós mesmos ou aos outros. Também aprenderemos o autoperdão. Finalmente, em nosso próprio ritmo, encontraremos até mesmo nossa capacidade de perdoar aqueles que nos prejudicaram. Descobriremos que o perdão é uma expressão natural do coração aberto, uma expressão de nossa bondade fundamental. Esse potencial é inerente a cada momento. Cada momento é uma oportunidade para recomeçar do zero.

100

Contendo o paradoxo

A vida é gloriosa, mas também adversa. As duas coisas ao mesmo tempo. Apreciar seu lado glorioso nos inspira, encoraja e anima. Nós nos sentimos cheios de energia e conectados, nossa perspectiva é mais ampla. Mas, se só tivermos isso, ficaremos arrogantes e começaremos a olhar para os outros com superioridade. Passaremos a nos achar muito importantes, levando tudo a sério demais e desejando perpetuar as situações. A glória se reveste de um certo apego e vício.

Por outro lado, a adversidade – o aspecto doloroso da vida – nos suaviza consideravelmente. Conhecer a dor é um ingrediente muito importante para ser capaz de dar apoio aos demais. Quando sofre, você pode olhar bem nos olhos do outro, porque sente que não tem nada a perder – você apenas está ali. A infelicidade nos torna humildes e nos abranda, mas, se só experimentássemos o sofrimento, ficaríamos todos tão deprimidos e sem esperança que não teríamos energia suficiente nem para comer uma maçã. A glória e a adversidade precisam uma da outra. Uma nos inspira, a outra nos suaviza. Elas caminham juntas.

Atisha disse: "Qualquer uma das duas que ocorra, seja paciente." Seja glorioso ou adverso, agradável ou odioso, seja paciente. Paciência significa permitir que os acontecimentos evoluam em seu ritmo próprio, sem nos precipitarmos sobre eles com nossa resposta habitual à dor ou ao prazer. A verdadeira felicidade, subjacente tanto à glória quanto à adversidade, muitas vezes deixa de ser experimentada porque reagimos rapidamente à situação com nosso mesmo padrão habitual de sempre.

Não aprendemos a ter paciência quando estamos seguros. Não é possível aprendê-la quando as coisas são harmoniosas e caminham bem. Quando tudo é um mar de rosas, quem precisa de paciência? Enquanto você está trancado no quarto, com as cortinas fechadas, tudo lhe parece em paz. Mas no momento em que as coisas fogem ao seu controle, você explode. Não estaremos cultivando a paciência se nosso padrão for sempre buscar a harmonia e amenizar todas as situações. A paciência implica disposição de estar vivo – não buscar a harmonia.

101

A SANGA

Tomar refúgio na sanga – as outras pessoas no caminho do guerreiro-bodisatva – não significa que entramos num clube onde somos todos bons amigos, conversamos sobre a bondade fundamental, assentimos sabiamente e criticamos aqueles que não acreditam nas mesmas coisas que nós. Tomar refúgio na sanga significa tomar refúgio na irmandade de pessoas comprometidas a tirar a própria armadura.

Se vivemos numa família em que todos os membros estão comprometidos a tirar a própria armadura, um dos veículos mais poderosos para aprendermos a fazer isso é o retorno que damos aos outros, a gentileza que demonstramos uns aos outros. Normalmente, quando alguém sente pena de si mesmo e começa a chafurdar nela, as pessoas lhe dão tapinhas nas costas e dizem "Ah, coitadinho", ou "Pelo amor de Deus, supere isso". Mas, se você mesmo está comprometido a tirar sua armadura e sabe que o outro também está, você pode realmente lhe dar o presente do darma. Com grande bondade e amor, com base em sua própria experiência do que é possível, você lhe dá a sabedoria que provavelmente recebeu de alguém no dia em que *você* estava arrasado. Você encoraja a pessoa a não aceitar sentir pena de si mesma, mas perceber que essa é uma oportunidade de crescer e que todo mundo passa por essa experiência.

Em outras palavras, a sanga é formada de pessoas comprometidas a se ajudar mutuamente a tirar a armadura, sem encorajar as fraquezas uns dos outros nem a tendência a manter a armadura. Quando nos vemos colapsando ou dizendo com teimosia "Não, eu gosto dessa armadura", é oportuno sermos lembrados de que por baixo de toda essa armadura há muitas feridas infeccionadas, e que um pouquinho de sol não fará mal algum. Esse é o sentido de tomar refúgio na sanga.

102

ASSIM COMO EU
(COMPAIXÃO NA HORA H)

Como resultado da prática da compaixão, começamos a adquirir uma compreensão mais profunda das raízes do sofrimento. Desejamos não somente que as manifestações exteriores de sofrimento diminuam, mas também que todos nós possamos parar de agir e de pensar de maneiras que façam a ignorância e a confusão aumentarem. Aspiramos a estar livres da fixação e da mente fechada. Desejamos dissolver o mito de que estamos separados.

É especialmente útil levar as aspirações compassivas ao mercado. Gosto de fazer essa prática justamente no meio desse mundo paradoxal e imprevisível. Dessa forma, eu trabalho minha intenção, mas também começo a agir. Em termos tradicionais, isso é cultivar os níveis tanto de aspiração quanto de ação da boditchita. Algumas vezes essa é a única maneira de fazer essa prática parecer relevante para o sofrimento que continuamente testemunhamos.

Faço esse tipo de coisa em todas as situações – à mesa do café da manhã, na sala de meditação, no consultório do dentista. Em pé na fila do caixa do supermercado, posso notar o adolescente desafiador à minha frente e fazer a aspiração: "Que ele seja livre do sofrimento e de suas causas." No elevador com uma desconhecida, posso notar seus sapatos, suas mãos, a expressão de seu rosto. Contemplo o fato de, assim como eu, ela não querer estresse em sua vida. Assim como eu, ela tem preocupações. Por nossos medos e esperanças, nossos prazeres e dores, estamos profundamente interligadas.

103

Máxima: "Pratique as cinco forças, as instruções essenciais para o coração"

Há cinco forças que podemos utilizar em nossa prática para despertar a boditchita. São cinco maneiras de o guerreiro aumentar a confiança e a inspiração:

1. Cultivar a *forte determinação* e o compromisso de se relacionar abertamente com tudo que a vida apresentar, inclusive nossa angústia emocional. Como guerreiros em treinamento, desenvolvemos a determinação sincera de usar o desconforto como oportunidade para o despertar, em vez de tentar fazer com que ele desapareça. Essa determinação gera força.

2. Gerar *familiarização* com as práticas de boditchita utilizando-as tanto na prática formal quanto no calor do momento. O que quer que aconteça, nosso compromisso é usar a situação para despertar nosso coração.

3. Regar a *semente da boditchita*, tanto nas situações agradáveis quanto nas adversas, para que nossa confiança nessa semente positiva cresça. Às vezes, é bom procurar as pequenas maneiras pelas quais a semente da bondade se manifesta em nossa vida.

4. Usar a *repreensão* – com gentileza e senso de humor – como modo de nos flagrar antes de causarmos sofrimento a nós ou aos outros. O método mais gentil de repreender é perguntar a nós mesmos: "Já fiz isso antes?"

5. Nutrir o hábito de *aspirar* a que o sofrimento e suas sementes diminuam para todos nós e a sabedoria e a compaixão aumentem; nutrir o hábito de sempre cultivar nosso coração amoroso e nossa mente aberta. Mesmo quando não podemos agir, podemos aspirar a encontrar a força do guerreiro e sua capacidade de amar.

104

INVERTER A RODA DO SAMSARA

Todo ato conta. Todo pensamento e emoção contam também. Este momento é todo o caminho que temos. É neste momento que aplicamos os ensinamentos. A vida é curta. Mesmo que vivêssemos até os 108 anos, a vida ainda seria curta demais para assistir a todas as suas maravilhas. O darma é cada ato, cada pensamento, cada palavra que dizemos. Estamos pelo menos dispostos a nos pegar saindo do controle e fazer isso sem nos envergonharmos? Aspiramos pelo menos a não nos considerar um problema, mas apenas um ser humano bem típico que, naquele momento, precisa se dar um tempo e deixar de ser tão previsível?

O darma pode curar nossas feridas, aquelas feridas muito velhas causadas não pelo pecado original, mas por um engano tão antigo que não conseguimos mais enxergá-lo. A instrução nos diz para nos relacionarmos compassivamente com o ponto em que estamos e começarmos a considerar nossos problemas trabalháveis. Estamos presos a padrões de apego e fixação que fazem com que os mesmos pensamentos e reações surjam de novo e de novo. É assim que projetamos nosso mundo. Quando conseguimos enxergar isso, mesmo que apenas por um segundo a cada três semanas, pegamos naturalmente o jeito de reverter esse processo de tornar as coisas sólidas, o jeito de parar o mundo claustrofóbico como o conhecemos, de colocar no chão nossos séculos de bagagem e pisar em território novo.

Como podemos fazer isso na prática? A resposta é simples. Envolva-se pessoalmente com o darma, explore-o com dedicação e relaxe.

105

O CAMINHO É O OBJETIVO

O que é preciso para usarmos a vida que já temos para nos tornarmos mais sábios, e não mais presos? Qual é a fonte da sabedoria no nível pessoal e individual?

A resposta a essas perguntas parece ter a ver com trazer para o caminho tudo que encontramos. Tudo tem, naturalmente, uma base, um caminho e uma fruição. É como dizer que tudo tem começo, meio e fim. Mas também se diz que o caminho em si é tanto a base quanto a fruição. O caminho é o objetivo.

Esse caminho tem uma característica inconfundível: ele não é pré-fabricado. Ele não existe ainda. Esse caminho de que estamos falando é a evolução, momento a momento, de nossa experiência, do mundo fenomenal, de nossos pensamentos e emoções. O caminho não está no mapa. Ele começa a existir momento a momento e, ao mesmo tempo, desfaz-se atrás de nós.

Quando percebemos que o caminho é o objetivo, há uma sensação de maleabilidade. Podemos ver tudo que ocorre em nossa mente confusa como caminho. Tudo é trabalhável.

106

Neurose exacerbada

Podemos supor que, ao treinarmos a boditchita, os nossos padrões habituais vão começar a perder força – dia após dia, mês após mês, nos tornaremos mentalmente mais abertos, mais flexíveis, mais guerreiros. Mas, na realidade, o que acontece é que, com a continuidade da prática, os nossos padrões se intensificam. É a chamada "neurose exacerbada". Não é algo que fazemos de propósito. Simplesmente acontece. Sentimos o cheiro da ausência de chão e, apesar do nosso desejo de permanecermos firmes, abertos e flexíveis, nos agarramos ferrenhamente às nossas maneiras habituais.

Por exemplo, podemos desenvolver uma nova narrativa de autocrítica baseada em ideais espirituais. O treinamento do guerreiro se torna só mais um modo de sentir que nunca estaremos à altura. Ou podemos usar nosso treinamento para nos sentirmos superiores, para alimentar nosso sentimento de sermos especiais, para reforçar nossa autoimagem e aumentar nossa arrogância e nosso orgulho. Ou talvez queiramos sinceramente largar nossa bagagem inútil, mas, no processo, usamos os próprios ensinamentos para nos distanciar da qualidade caótica e instável de nossa vida. Tentamos usar nosso treinamento espiritual para evitar aquela sensação de frio na espinha.

A questão é que traremos diretamente para a prática de boditchita os modos habituais que usamos para nos manter colados, diretamente para o treinamento de *des*colar. Mas, devido à prática, podemos começar a olhar com compaixão o que fazemos. O que está acontecendo conosco em termos psicológicos? Estamos nos sentindo inadequados? Continuamos a acreditar em nossos mesmos velhos dramas? Estamos usando a espiritualidade para contornar o que nos assusta? É fácil não ver que ainda buscamos a segurança do mesmo jeito antigo. Temos que desenvolver aos poucos a confiança de que é libertador soltar. Treinamos maitri continuamente. Leva tempo para desenvolver o entusiasmo pela sensação real de nos mantermos abertos.

107

INVESTIGAÇÃO COMPASSIVA

Quando a nossa atitude em relação ao medo se torna mais acolhedora e inquisitiva, uma mudança fundamental acontece. Em vez de passarmos a vida tensos, aprendemos que podemos nos conectar ao frescor do momento e relaxar.

A prática é a investigação compassiva dos nossos humores, das nossas emoções, dos nossos pensamentos. Praticar a investigação compassiva das nossas reações e estratégias é fundamental no processo de despertar. Somos encorajados a ser curiosos sobre a neurose que está fadada a se manifestar quando os mecanismos que usamos para lidar com as coisas começam a desmoronar. É assim que chegamos ao lugar onde deixamos de acreditar em nossos mitos pessoais, onde não estamos sempre divididos contra nós mesmos, sempre resistindo à nossa própria energia. É assim que aprendemos a permanecer na bondade fundamental.

Essa é uma prática contínua. A partir do momento em que começamos esse treinamento do bodisatva, até confiarmos totalmente na liberdade de uma mente não condicionada e imparcial, estaremos nos rendendo, momento a momento, ao que quer que esteja acontecendo exatamente neste instante. Com precisão e gentileza, abandonamos nossas queridas maneiras de ver a nós mesmos e os outros, nossas queridas maneiras de manter tudo sob controle, nossas queridas maneiras de bloquear a boditchita. Fazemos isso repetidas vezes, durante muitos anos desafiadores e inspiradores, e, nesse processo, desenvolvemos um gosto pela ausência de chão.

108

Máxima: "Mantenha sempre uma mente alegre"

"Mantenha sempre uma mente alegre" parece uma aspiração impossível. Como um homem uma vez me disse, "sempre é tempo demais". No entanto, ao treinarmos para desbloquear nossa bondade fundamental, iremos descobrir que cada momento contém o livre fluxo da abertura e do calor que caracterizam a alegria ilimitada.

Este é o caminho que trilhamos ao cultivar a alegria: aprendemos a não vestir nossa bondade fundamental com uma armadura, aprendemos a apreciar aquilo que possuímos. A maior parte do tempo, não fazemos isso. Em vez de apreciar onde estamos, lutamos continuamente e alimentamos nossa insatisfação. É como tentar fazer crescer as flores jogando cimento no jardim.

Mas, ao utilizarmos as práticas da boditchita para nos treinar, chegaremos ao ponto em que veremos a magia do momento presente, despertaremos aos poucos para a verdade de que sempre fomos guerreiros vivendo em um mundo sagrado. Essa é a experiência contínua da alegria ilimitada. Nem sempre iremos experimentá-la, isso é bem verdade. Mas ano a ano ela se tornará cada vez mais acessível.

Dedicação de mérito

Por esse mérito, que todos alcancem a onisciência,
Que derrotem o inimigo, as ações não virtuosas,
Das ondas tempestuosas do nascimento, da velhice,
    da doença e da morte,
Do oceano do samsara, que eu liberte todos os seres.

Pela confiança do áureo Sol do Grande Leste,
Que o jardim de lótus da sabedoria dos Rigden floresça.
Que a ignorância sombria dos seres sencientes se dissipe.
Que todos os seres desfrutem de glória profunda e brilhante.

GLOSSÁRIO

Boditchita (sânsc.) O coração desperto de bondade amorosa e compaixão. A *boditchita absoluta* é nosso estado natural, experimentado como a bondade fundamental que nos liga a todos os outros seres vivos. Foi definida como abertura, verdade suprema, nossa verdadeira natureza, ponto sensível, coração terno ou simplesmente o que é. Ela combina as qualidades de compaixão, abertura incondicional e inteligência aguçada. Está livre de conceitos, opiniões e noções dualistas de "eu" e "outro". A *boditchita relativa* é a coragem de perceber essa qualidade terna de coração aberto, acessando a nossa capacidade de amar e cuidar dos outros.

Buda (sânsc.) "Aquele que despertou." Fundador do budismo, o príncipe chamado Sidarta Gautama nasceu no século VI a.C. no Nepal dos dias de hoje. Ele deixou o palácio aos 29 anos e partiu numa jornada espiritual que resultou em sua iluminação e sua transformação em Buda. Dedicou o resto da vida a mostrar aos outros como experimentar esse despertar e a liberação do sofrimento. Também somos budas. Somos aqueles que despertaram – aqueles que se lançam continuamente, que se abrem continuamente, que avançam continuamente.

Darma (sânsc.) "Lei cósmica." Os ensinamentos do Buda, a verdade do que é.

Guerreiro-bodisatva Aquele que aspira a agir a partir do coração desperto da boditchita em benefício dos outros.

Lojong (tib.) "Treinamento da mente." Nossa herança do mestre budista do século XI Atisha Dipankara. O treinamento da mente inclui dois elementos: a prática de enviar e receber (tonglen), na qual recebemos a dor e enviamos prazer, e a prática das máximas do lojong, em que usamos máximas essenciais para reverter nossa atitude habitual de autoabsorção. Esses métodos nos instruem a usar nossos maiores obstáculos – raiva, ressentimento, medo, inveja – como combustíveis para o despertar.

Maitri (sânsc.) "Bondade amorosa incondicional." Um relacionamento direto e incondicional com todos os aspectos nossos e dos outros. Sem bondade amorosa em relação a nós mesmos, é difícil – para não dizer impossível – senti-la genuinamente pelos outros.

Oito preocupações mundanas São quatro pares de opostos – quatro coisas de que gostamos e a que nos apegamos e quatro coisas de que não gostamos e que tentamos evitar. As oito preocupações mundanas são prazer e dor, elogio e crítica, fama e infâmia, ganho e perda. A mensagem fundamental é que, quando ficamos presos nas oito preocupações mundanas, sofremos.

Paramitas (sânsc.) "Aquilo que atravessou para a outra margem." São seis qualidades que nos levam além de nosso modo habitual de buscar solidez e segurança. As seis paramitas são generosidade, disciplina, paciência, empenho, meditação e prajna, ou sabedoria.

Prajna (sânsc.) "Sabedoria." Prajna, a sexta paramita, é a forma mais elevada de conhecimento, a sabedoria que experimenta a realidade diretamente, sem conceitos.

Prática de aspiração Prática em que aspiramos a expandir as quatro qualidades ilimitadas de bondade amorosa, compaixão, alegria e equanimidade, estendendo-as aos outros.

Quatro qualidades ilimitadas Amor, compaixão, alegria e equanimidade. São ditas ilimitadas porque nossa capacidade de senti-las e estendê-las não tem limite.

Samsara (sânsc.) "Vagando sem rumo." O círculo vicioso de sofrimento que resulta da crença equivocada na solidez e na permanência do eu e do outro.

Sanga (sânsc.) "Multidão, hoste." A comunidade budista. Todos os outros no caminho do guerreiro-bodisatva.

Tonglen (tib.) "Enviar e receber." Também descrito como trocar o eu pelo outro. Na prática de tonglen, inspiramos o que é desagradável e enviamos o que é agradável.

Três joias O Buda, o darma e a sanga.

BIBLIOGRAFIA

Livros dos quais estes ensinamentos foram retirados ou adaptados:

Chödrön, Pema. *Comece onde você está: Um guia para despertar nosso autêntico coração compassivo*. Rio de Janeiro: Sextante, 2020.

_____. *The Wisdom of No Escape and the Path of Loving-Kindness*. Boston: Shambhala Publications, 1991; Londres: Element, 2005.

_____. *Os lugares que nos assustam: Um guia para despertar nossa coragem em tempos difíceis*. Rio de Janeiro: Sextante, 2021.

_____. *Palavras essenciais: Ensinamentos para desenvolver paciência, bondade e alegria*. Rio de Janeiro: Sextante, 2019.

_____. *Quando tudo se desfaz: Orientação para tempos difíceis*. Rio de janeiro: Gryphus, 2001.

Ensinamentos gerais sobre boditchita

Patrul Rinpoche. *As palavras do meu professor perfeito*. Traduzido para o inglês pelo Grupo de Tradução Padmakara e para o português pelo Comitê de Tradução Makara. Porto Alegre: Makara, 2008, pp. 303-388.

Shantideva. *O caminho do bodisatva*. Traduzido para o inglês pelo Grupo de Tradução Padmakara e para o português pelo Comitê de Tradução Makara. Porto Alegre: Makara, 2013.

_____. *A Guide to the Bodhisattva's Way of Life*. Traduzido por

Stephen Batchelor. Dharamsala, Índia: Library of Tibetan Works and Archives, 1998.

Sogyal Rinpoche. *O livro tibetano do viver e do morrer*. Editado por Patrick Gaffney e Andrew Harvey. São Paulo: Palas Athena, 1999.

Trungpa, Chögyam. *Além do materialismo espiritual*. Teresópolis: Lúcida Letra, 2016, pp. 193-244.

_____. *O mito da liberdade e o caminho da meditação*. São Paulo: Pensamento-Cultrix, 1995, pp. 111-132.

As quatro qualidades ilimitadas

Kamalashila. *Meditation: The Buddhist Way of Tranquility and Insight*. Glasgow: Windhorse, 1992, pp. 23-32, 192-206.

Longchenpa. *Kindly Bent to Ease Us*. Traduzido por H. V. Guenther. Berkeley, Califórnia: Dharma Publications, 1975-1976, pp. 106-122.

Patrul Rinpoche. *As palavras do meu professor perfeito*. Traduzido para o inglês pelo Grupo de Tradução Padmakara e para o português pelo Comitê de Tradução Makara. Porto Alegre: Makara, 2008, pp. 303-331.

Salzberg, Sharon. *Lovingkindness: The Revolutionary Art of Happiness*. Boston: Shambhala Publications, 1995.

Thich Nhat Hanh. *Ensinamentos sobre o amor*. Rio de Janeiro: Sextante, 2005.

As máximas do lojong

Chödrön, Pema. *Comece onde você está: Um guia para despertar nosso autêntico coração compassivo*. Rio de Janeiro: Sextante, 2020.

Khyentse, Dilgo. *Enlightened Courage*. Ithaca, Nova York: Snow Lion Publications, 1993.

Kongtrul, Jamgon. *The Great Path of Awakening: A Commentary on the Mahayana Teaching of the Seven Points of Mind Training*. Boston: Shambhala Publications, 1987.

Trungpa, Chögyam. *Training the Mind and Cultivating Loving Kindness*. Organizado por Judith L. Lief. Boston: Shambhala Publications, 1993.

Wallace, Alan B. *A Passage from Solitude: Training the Mind in a Life Embracing the World*. Organizado por Zara Houshmand. Ithaca, Nova York: Snow Lion Publications, 1992.

Wallace, Alan B. *Budismo com atitude: O treinamento tibetano da mente em sete pontos*. Teresópolis: Lúcida Letra, 2017.

Prática de tonglen

Chödrön, Pema. *Tonglen: The Path of Transformation*. Organizado por Tingdzin Otro. Halifax, Nova Escócia: Vajradhatu Publications, 2000.

Sogyal Rinpoche. *O livro tibetano do viver e do morrer*. Organizado por Patrick Gaffney e Andrew Harvey. São Paulo: Palas Athena, 1999, pp. 253-264.

Leituras adicionais

Beck, Joko. *Sempre Zen: Como introduzir a prática do Zen em seu dia a dia*. Organizado por Steve Smith. São Paulo: Saraiva, 1993.

_____. *Nada de especial: Vivendo Zen*. São Paulo: Saraiva, 1994.

Bayda, Ezra. *Being Zen: Bringing Meditation to Life*. Boston: Shambhala Publications, 2002.

Trungpa, Chögyam. *Shambhala: A trilha sagrada do guerreiro*. São Paulo: Pensamento-Cultrix, 1997.

RECURSOS

Para informações sobre instruções de meditação ou para encontrar um centro de prática próximo a você, por favor entre em contato com:

Shambhala Brasil
Rua José Antonio Coelho, 460
Vila Mariana, São Paulo
CEP: 04011-061
Site: shambhala-brasil.org
E-mail: info@shambhala-brasil.org

Shambhala International
1084 Tower Road
Halifax, Nova Scotia
Canadá B3H 2Y5
telefone: (902) 425-4275
fax: (902) 423-2750
site: www.shambhala.org

A Naropa University é a única universidade autorizada de inspiração budista na América do Norte. Obtenha mais informações em:

Naropa University
2130 Arapahoe Avenue
Boulder, Colorado 80302
telefone: (303) 444-0202
e-mail: info@naropa.edu
site: www.naropa.edu

Há gravações em áudio e vídeo de palestras e seminários de Pema Chödrön disponíveis em:

Great Path Tapes and Books
330 E. Van Hoesen Boulevard
Portage, Michigan 49002
telefone: (269) 384-4167
fax: (415) 946-3475
e-mail: greatpath@pemachodrontapes.com
site: www.pemachodrontapes.com

Kalapa Recordings
1084 Tower Road
Halifax, Nova Scotia
Canadá B3H 2Y5
telefone: (902) 420-1118, ext. 121
fax: (902) 423-2750
e-mail: recordings@shambhala.org
site: www.shambhalamedia.org

Sounds True
413 S. Arthur Avenue
Louisville, Colorado 80027
telefone: (800) 333-9185
e-mail: info@soundstrue.com
site: www.soundstrue.com

CONHEÇA OUTRO LIVRO DA AUTORA

OS LUGARES QUE NOS ASSUSTAM

Um livro que nos ensina a usar as dificuldades e os medos como um meio para abrandar o coração e cultivar a compaixão.

Podemos permitir que as circunstâncias da vida nos endureçam, deixando-nos cada vez mais cheios de medos e ressentimentos, ou podemos nos tornar mais abertos em relação ao que nos assusta. Nós sempre temos escolha.

Na maioria das vezes, tentamos nos proteger através da raiva, do ciúme, da inveja, da arrogância e do orgulho, mas não conseguimos vencer a incerteza e o medo com essas barreiras. Temos que aprender a nos relacionar com o desconforto usando outras ferramentas, como a bondade e a compaixão.

Neste livro, a monja budista Pema Chödrön nos ensina a confrontar nossos medos e dificuldades através de práticas poderosas que vão nos apoiar e inspirar nos bons e maus momentos e despertar uma coragem e sabedoria que nem imaginávamos possuir.

CONHEÇA OS LIVROS DE PEMA CHÖDRÖN

Palavras essenciais

Comece onde você está

Os lugares que nos assustam

Confortável com a incerteza

Para saber mais sobre os títulos e autores da Editora Sextante,
visite o nosso site e siga as nossas redes sociais.
Além de informações sobre os próximos lançamentos,
você terá acesso a conteúdos exclusivos
e poderá participar de promoções e sorteios.

sextante.com.br